Aus der traditionellen friesischen Landküche

von Doris Wolken

Gewidmet meiner Urgroßmutter Elise Heeren,
meinen Großmüttern Johanne Duden und Johanne Tjarks,
sowie meiner Mutter Auguste Tjarks.

Impressum

Satz, Druck & Weiterverarbeitung:
Heiber Druck & Medien, 26419 Schortens

Vorwort

„Mama, wo bist Du? Ich bin wieder da.
Was gibt es heute? Hmmm, lecker!"
Dieser Dialog spielte sich so täglich ab, wenn ich mittags aus der Schule kam und später, wenn ich mein Elternhaus besuchte. Irgendetwas stand verzehrfertig auf dem Herd oder schon dampfend auf dem Tisch.

Bei uns zu Hause kochte Mama, im Nachbarhaus meine Oma und vorher auch noch Uroma, und am anderen Dorfrand die andere Oma. Überall wurde das tägliche Mittagessen aus dem eigenen Garten, dem Stall und den Vorräten zubereitet. Es waren einfache Gerichte, bodenständig und saisonbedingt. Im Sommer leichte Speisen und viel Gewmüse, und in den kälteren Monaten gab es deftige Hausmannskost mit einem Stück Speck. Aber auch Süßspeisen standen auf dem Speiseplan.

Wir Kinder hatten in den Haushalten unsere Leibgerichte. Bei der einen Oma gab es kartoffeln und weiße Sauce

oder Apfelreis. Bei der anderen
Grünkohl, Kinderpunsch usw.

Die Idee, die Rezepte aus der Familienküche aufzuschreiben entstand, als meine Geschwister öfter mal nachfragten: „Wie kochte Mama eigentlich das und das?"

Dabei wurde mir auch bewußt, wie sich der Tagesablauf der Mutter und Großmutter und mein heutiger doch unterscheiden. Viel Mühe und Arbeit waren nötig, um z.B. Sauerkraut auf den Teller zu bringen.
Früher: Säen, pflanzen, ernten, Sauerkraut herstellen, die Vorräte überprüfen, das Sauerkraut vorsichtig aus dem Faß nehmen, abkochen, garen und auf den Tisch bringen.
Heute: Einkaufen, Dose aufmachen, garen und fertig.

Einige Eindrücke und Erinnerungen wurden mir wieder bewußt. Die ich in diesem Büchlein aufschrieb.
»Mmmh, einfach lecker – Guten Appetit«

Doris Wolken

Nach Jahreszeiten

Inhaltsverzeichnis

März

April

Mai

Inhaltsverzeichnis

Juli

August

September

Oktober

Inhaltsverzeichnis

November

Dezember

Rezepte aus dem Haushalt einer Großfamilie um 1910

Registerverzeichnis A - Z

Inhaltsverzeichnis

Inhaltsverzeichnis

Festtage und Bräuche

Allgemeines aus der friesischen Küche

Inhaltsverzeichnis

Ein kleiner Blick zurück

Für die Ernährung der Familie war von je her die Hausfrau zuständig. Während die Männer für das Jagen und das Beschaffen von Fleisch und Fisch sowie den Anbau von Getreide und die Haltung des Nutzviehs zuständig waren, hatten die Frauen für die Zubereitung der täglichen Mahlzeiten zu sorgen. Auch die Vorratshaltung, der Anbau von Obst und Gemüse sowie die Hühnerhaltung gehörten zu den täglichen Arbeiten unserer Mütter und Großmütter. Der Tagesablauf der Frauen war von Morgens bis spät abends für die Selbstversorgung der Familie da zu sein.

Salz, Zucker, Reis, Pfeffer, Kaffee und Tee waren einige Zutaten die gekauft werden mußten. Alle anderen Dinge zur täglichen Ernährung wurden auf dem Feld, Acker im Garten oder im Stall selbst hergestellt. Der Garten lieferte, Obst, Gemüse, Kartoffeln und Kräuter, auf den Feldern wuchs das Getreide für das tägliche Brot mit, und die Haustiere lieferten, Fleisch, Milch und die Eier.

Für die Wintermonate wurde Vorratshaltung betrieben um eine abwechslungsreiche Ernährung sichern. Kartoffeln,

Rüben Möhren und Äpfel wurden eingemietet, einige Obstsorten und Kräuter wurden im Backofen getrocknet, Viele Gemüsesorten und Obst wurde eingekocht, eingesalzen oder in Essig süßsauer eingelegt. Die Zubereitung von Marmelade, Gellees und Säften war eine mühsame Arbeit, die viel Zeit und Sorgfalt in Anspruch nahm.

Für die Bevorratung mit Fleisch spielte die Hausschlachtung eine große Rolle. Meistens stand der Hausfrau dafür ein Hausschlachter zur Seite, der nach dem Schlachten und

Auskühlen der Schweine auch das Kleinmachen und die Wurstherstellung übernahm. In Pökelfässern wurde Schinken, Bauchspeck, Speck und Kleinfleisch eingepökelt in einer Salzlake. Später wurden die Stücke zum Teil zum Trocknen unter die Küchendecke gehängt oder in der hauseigenen Räucherkammer geräuchert. Jeder Hausschlachter und auch die Hausfrauen hatten ihre »Hausrezepte« für die Wurstherstellung. Leberwurst,

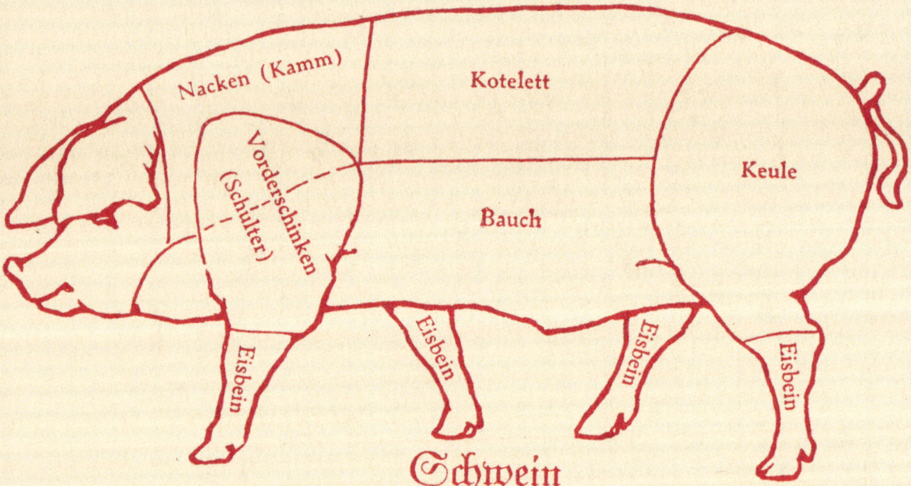

Schwein

Zum Braten: Rücken (Carbonade, Kotelett), Keule (Schinken), Nacken (z. Pökeln)
Zum Schmoren: Rippchen, Nacken (Kamm)
Zum Kochen: Eisbein (Haxe), Bauch

Rotwurst, Lungenwurst, Mettwurst und Räucherendchen gehörten dazu genau wie die Herstellung von der leckeren Sülze oder Blutballen.

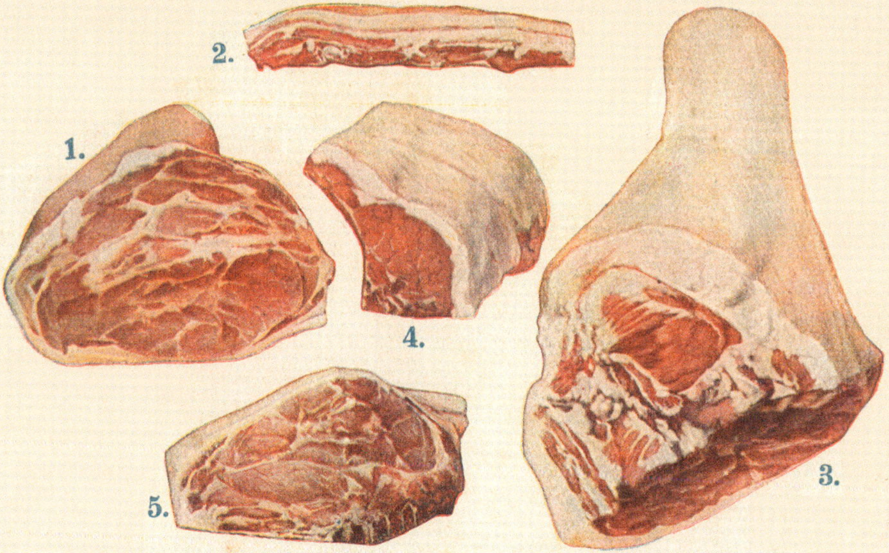

Schweinefleisch 1. Vorderschinken (Schulter) 2. Bauch 3. Keule (Schlegel) 4. Kotelett 5. Nacken (Kamm)

Zuerst wurden die Därme gesäubert und gewaschen, dann wurden die Zutaten geschnitten und durch den Fleischwolf gedreht. z.B. übernahmen diese Arbeit die Kinder. Nun wurde die Wurstmasse gewürzt und abgeschmeckt und danachin durch die Wurstmaschine und eine Tülle in die Därme gefüllt. Die Würste wurden danach in dem großen Topf abgekocht, zum Trocknen aufgehängt oder geräuchert. Einige Wurstsorten wurden auch in Gläser oder Blechdosen eingekocht. Die übriggebliebene Brühe wurde eingekocht. Oft sah man auch Kinder mit einer Milchkanne voll Brühe zum Nachbarhaus oder zu Familienangehörigen und Freunden

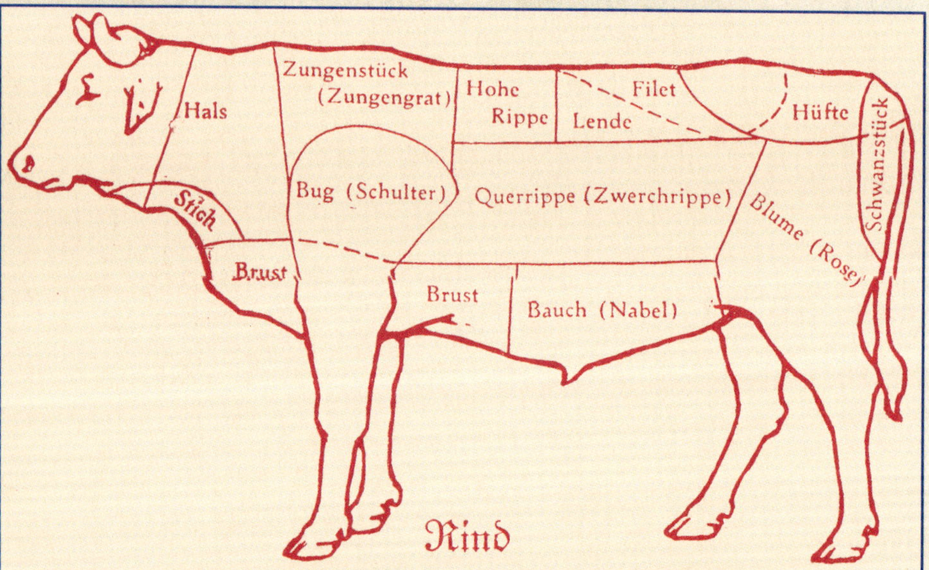

Rind

Zum Braten: Hohe Rippe, Roſtbeef, Lende, Filet
Zum Schmoren: Schale (Blume, Roſe), Zungengrat, Schwanzſtück
Zum Kochen: Bruſt, Bug (Schulter), Beinfleiſch (Querrippe, Zwerchrippe)

laufen. Jede Hausfrau freute sich über die feine Gabe. Das Fett wurde durch die Wurstmaschine gedreht und zu Schmalz und Grieben verarbeitet.

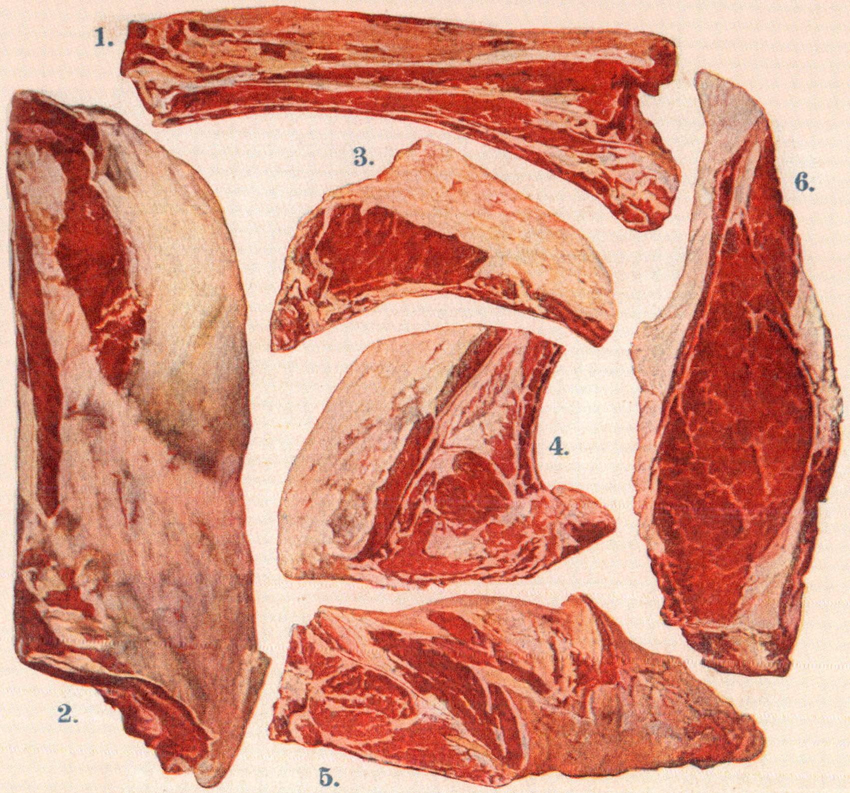

Rindfleiſch 1. Querrippe (Zwerchrippe) 2. Ochſenbruſt 3. Lende (Roſtbeef) 4. Hohe Rippe 5. Zungenſtück (Zungengrat) 6. Blume (Roſe)

In einigen Familien wurde auch einmal im Jahr 1 Rind oder 1 Schaf geschlachtet.

Jede Hausfrau hatte ihre eigene Geflügelschar, Hühner, Hähnchen, Enten und Gans wurden gefüttert und lieferten neben den Eiern Fleisch für ein schönen Sonntagsbraten, für Suppen und Hühnerfricasee, und andere Köstlichkeiten. Geflügel wurde bei bedarf geschlachtet. Auch das Setzen der

Glucken um den Nachwuchs zu sichern gehörte zu täglichen Hausarbeit.
Unsere Großmütter waren neben dem täglichen Melken, auch für die Herstellung von Butter, Quark und Käse zuständig. Diese Arbeiten waren sehr zeitaufwendig und verlangten viel können.

Auch das tägliche Brot wurde selbst gebacken. Auf jeden Bauernhof stand etwas abseits vom Wohnhaus wegen der Feuergefahr, ein Backhaus mit einem Backofen. Schwarzbrot wurde alle vier Wochen einmal gebacken. Es war eine mühselige Arbeit. Später wurde das eigene Getreide zur Mühle gebracht und das Brotmelh wurde beim Dorfbäcker gegen Schwarzbrot eingetauscht. Zu Anfang bekamen die Landwirte für 1 kg. Mehl 1 kg Brot. Später lohnte dies nicht mehr. Die Landwirte brachten das Getreide zur Mühle und nahmen etwas Mehl für Mensch und Tier wieder mit zurück.

Die sogenannten »Stutentanten« und die Bäcker gingen oder fuhren mit Pferd und Wagen über Land und boten Backwaren zum Verkauf an. Das Backen von Stuten war der Hausfrau vorbehalten. Nach dem Aufgehen des Teiges wurden Stuten geformt oder in der Form abgebacken. Die größeren Weihnachtsstuten wurden zum Abbacken zum Dorfbäcker gebracht. Eine große

Erleichterung brachten die eingebauten Backöfen für die Hausfrauen, nun konnten sie auch die leckeren Weihnachtsbäckereien und Kuchen selbst herstellen.

Solange die Menschen seßhaft sind, gibt es den Garten, ein Stück Land für die Versorgung durch Gemüse, Obst Beeren und Kräuter.
Die Einteilung des Gemüsegarten erfolgte nach bestimmten Regeln. In einer Ecke befand sich das Beerenobstquartier mit Rhababerstauden und ein Kräuterbeet mit mehrjährigen Kräutern. Durch die Mitte führten breite Wege mit beidseitigen Beeten die umrandet waren mit Buchsbaum. Dann gab es einige Obstbäume und an drer Hecke wuchsen meistens Himbeeren, Erdbeeren und ein paar Spargelpflanzen. Nach dem erstellen eines Gartenplans wurde Gemüse gesät, gepflanzt oder gelegt so das die Hausfrauen jeden Tag Gemüse auf den Mittagstisch hatte. Der täglichen Gang und das ernten in den Garten bedeutete auch trotz Arbeit und Mühe, ein gesunde abwechslungsreiche Ernährung und vor allem die Selbstversorgung.

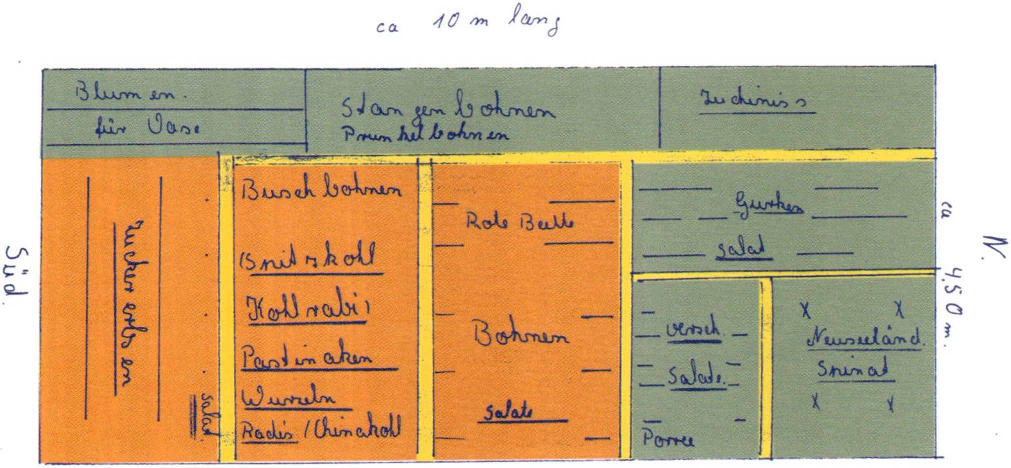

Spitzkohl und Kohlrabi sind nach den Buschbohnen gepflanzt worden. Vorher wurde gedüngt. Starkzehrer.

Am Neujahrsmorgen schallte es überall
Prost Neujahr, denn ein jeder will in Friesland dem anderen zuvorkommen um ihn das "Neejahr afftowinnen".
Hier und da gibt es auch heute noch „das Beiern", ein schnelles anschlagen an die Kirchenglocken.
Auf den Höfen gab es zur Feier des Tages „Sirupgenever".

Noch heute gibt es die Neujahrskuchen.

Neejahrskoken
(Neujahrskuchen)

500 gr. Mehl, 250 gr. Kandis, 150 gr. Zucker,
150 gr. Butter 3 Eier, 1 Prise Anis, 1/2 l Wasser
Kandis und Zucker in heißen Wasser auflösen, dann abkühlen lassen. Mehl und Eier in die Flüssigkeit verrühren, dann die geschmolzene Butter dazu fügen, zuletzt den Anis dazu geben. Das Neujahrseisen heiß werden lassen, mit einer Speckschwarte abreiben und die Neujahrskuchen abbacken. 1 Eßlöffelvoll entsricht in etwa einem Kuchen. Die Kuchen werden noch heiß aufgerollt oder zusammengeschlagen.

Knippkoken
(Mengenkuchen)

8 Eier, 1 1/2 Pfund Mehl, 1 Pfund Zucker,
1/2 Pfund Butter, 1 Prise Salz,
5 Päckchen Vanilliezucker.

Daraus wird ein Teig hergestellt, der über Nacht stehen gelassen wird. Am anderen Morgen wird Eßlöffel weise der Teig abgestochen und auf ein heißes Neujahrseisen gegeben. Die fertig gebackenen Platten werden heiß in einem Trichter getan und erhalten so ihre Form.

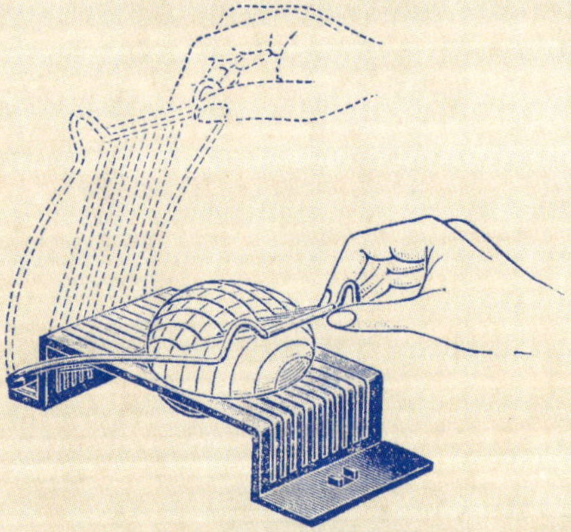

Graupentorte

2 Tassen gemahlene Graupen werden mit 1,5 Liter Milch dick gekocht. Dann fügt man Zucker und etwas Salz nach Geschmack, viel Zimt und 3 bis 4 Eier (das Weiße zu Schnee schlagen und hinzugeben) und läßt die Masse 2 Stunden im Backofen vorsichtig backen. Der Kuchen kann mit Marmelade oder Früchten gefüllt oder bedeckt werden.

Sparschlagsahne

(Zum Beispiel zu obiger Torte)

1/2 l Magermilch, 2 Blatt weiße Gelatine,
1 Eßl. Mehl, 3 Eßl. Zucker, nach belieben etwas Vanillie.
Das Mehl wird mit der Milch angerührt und zusammen mit dem Zucker aufgekocht. Dann löst man die Gelatine darin auf und schlägt die Masse, bis sie steif ist, etwa eine 3/4 Stunde mit dem Schneebesen. Die Schlagsahne wird am besten am Tage vor dem Gebrauch zubereitet und gerät nur mit Magermilch, nicht aber mit Vollmilch.

Graupengebäck mit Mandelgeschmack

1/4 Pfund fein gemahlene Graupen werden mit 2 Löffel Kartoffelmehl gemischt, 1/2 Backpulver, 2 Eßl. Zucker, der Saft und die abgeriebene Schale einer 1/2 Zitrone, einige Mandel- oder Nußkerne und so viel Wasser oder Milchmischung zufügen, bis ein ziemlich dicker Teig entsteht, den man gut verrührt. Mit einem Löffel legt man kleine nicht zu dünne , glatt ausgestrichene Plinsen in eine eiserne Stielpfanne und läßt sie in siedender Kunstbutter oder Schmalz auf beide Seiten lichtgelb backen. Noch heiß überstreut man sie mit Zucker und Zimt oder man kann sie auch rechtlecker mit Kunsthonig, Marmelade oder Speisesirup dünn bestreichen.

Aufstrich von Grieß

1 Eßlöffel Fett, wenn vorhanden, etwas Zwiebelwürfel oder Porreestreifen, 2 Eßl. Grieß, Flüssigkeit, Majoran oder Schnittlauch, Salz. Alles erhitzen, kurz aufkochen und anschließend erkalten lassen.

Graupensuppe

200 gr. Graupen abwaschen und einige Stunden in Wasser einweichen lassen. Mit dem Einweichwasser in einen Topf geben und auf den Herd stellen, dazu einen Streifen geräucherten Bauchspeck geben und mit 1 l Flüssigkeit auffüllen. Nun läßt man dieses etwa 1 Stunde köcheln. 1 Pfund Gemüse putzen und in Würfel schneiden. Möhren, Pastinaken. Sellerie, Porree dazu geben und ca. 20 Minuten mit Kochen lassen. 2 frische Lungenwürste mit dazugeben und garen lassen. Anschließend mit gekörnter Brühe, Salz, Pfeffer und Liebstöckel (Maggi-Kraut) abschmecken.

Fastelavend
(Fastnacht oder Karneval)

Am Rosenmontag gab es beim Bäcker „Hedwigs",
das sind kleine runde Semmeln mit Rosinen und Korinthen.
Die sogenannte „Stutenfrau" ging von Haus zu Haus
und bot ihr Backwerk an.

Die Lehrlinge aus den Handwerksbetrieben verkleideten
sich als Schornsteinfeger, Hauptmann, Teufel, Eierfrau
und Schlachter und laufen von Haus zu Haus um
ein Lied zu singen: „Fastnacht, Fastnacht angefangen,
Moder hei j' noch een Mettwurst hangen" usw.

Früher gab es dann zur Belohnung eine Mettwurst,
ein paar Eier oder einen Grog, heute bekommen sie
oft etwas für die Sparbüchse.

Abends wurde alles aufgeteilt und aus den
Naturalien ein Abendbrot zubereitet.

Bomboissies - Bollbeujes
(Bonbons)

Zutaten: 1 Pfd. Mehl, 100 gr. Zucker, Vanilliezucker oder Zitronengranulat, 1/4 l Milch, 3 Eier, ganz nach Wahl Rosinen und Korinthen, 100 gr. Margarine, 1/2 Teelöffel Salz, 40 gr. Hefe oder Trockenhefe

Noch ein paar Tipps:

Alle Zutaten auf Raumtemperatur bringen und alles in der Küchenmaschine gut durcharbeiten lassen. Rosinen und Korinthen bereits einen Tag vorher waschen und trocknen lassen. Bevor sie in den Teig kommen werden die Früchte gemehlt, sonst setzten sie sich am Boden ab. Die Teigbällchen werden in heißem Fett ausgebacken und anschließend mit Puderzucker bestreut.

Kräutertee bei Husten

1 Löffel Hufflattich, 1 Löffel Lungenkraut, 1 Löffel Spitzwegerich mit sprudelndem Wasser übergießen und 4 Min. ziehen lassen. Mit Honig oder brauen Kandis süßen.

Steekröven
(Steckrübeneintopf)

1 kg Steckrüben schälen, in Streifen schneiden und waschen, in einem großen Topf mit 1 1/2 l Brühe auffüllen. 1 Streifen frischen und 1 Streifen geräucherten Bauchspeck vorher in leichtem Salzwasser kochen und alles zusammen ca. 30 Min. fertig garen. Danach mit Milch und Mehl andicken. Mit Pfeffer und Salz nachwürzen und abschmecken. Salzkartoffeln können extra gekocht oder in Würfel geschnitten mit gekocht werden. Dazu schmecken Räucherendchen oder frische Kochwurst sehr gut.

Apfelschnee mit Vanilie-Soße
1 Glas Apfelmus in eine Schüssel geben und 2 steif geschlagene Eiweiß unterheben. Dieses wird mit etwas Zimt und Zucker abgeschmeckt. Zu diesem Nachtisch reicht man eine Vaniliesoße.

Dikke Gört or Kalwertähn mit rökertem Buukspekk

(Graupensuppe mit geräucherten Bauchspeck)

200 gr. Graupen, 1 Streifen geräucherten Bauchspeck,
1 Pfund Gemüse: Möhren, Pastinaken, Sellerie, Porree,
2 frische Lungenwürste, gekörnte Brühe, Salz,
Pfeffer und Liebstöckel

Die Graupen abwaschen und einige Stunden in Wasser einweichen lassen. Mit dem Einweichwasser in einen Topf geben und auf den Herd stellen, dazu den Streifen geräucherten Bauchspeck geben und mit 1 l Flüssigkeit auffüllen. Nun läßt man dieses etwa 1 Std. köcheln. 1 Pfund Gemüse putzen: Möhren, Pastinaken, Sellerie, Porree und in Würfel schneiden, dazu geben und ca. 20 Min. mit kochen lassen. 2 frische Lungenwürste mit dazugeben und garen lassen. Abschmecken mit gekörnter Brühe, Salz, Pfeffer und Liebstöckel, im Volksmund auch Maggi-Kraut genannt.

Für die Hausfrauen began vor Ostern nun eine arbeitsreiche Zeit. Das große „Schummeln" der große Hausputz began.

Gröönn-Donnerdag (Gründonnerstag)

Der Donnerstag vor Ostern wird so genannt. An diesem Tag wird letztmalig in dieser Saison Grünkohl gegeseen. Auch das Nachgucken der "Wallhecken" wurde an diesem Tag getan. Die Wallhecken wurden gekappt, d.h. beschnitten. Daraus wurden für die Arfkenstrüük geschnitten, die für die Erbsen im Garten als Rankhilfe gebraucht wurden. Das „Sprickeltüügs" wurde gebündelt für den Hausgebrauch oder zum Osterfeuer gebracht.

Stillen Freedag (Karfreitag)

Auch an diesem Tag geht es noch heute recht still zu. Früher gingen die Menschen an diesem Tag dunkel gekleidet. Es durfte nicht gesungen werden und vor allem wurden nur die notwendigsten Arbeiten erledigt. Zum Mittagessen gab es dann traditionell Kochfisch.

Zu Ostern wurden dann schon Tage vorher die Osterfeuer in den Gärten oder auf den Ländereien aufgeschichtet. Fast jeder Hof hatte sein Osterfeuer. Gerade auf den großen Höfen trafen die Familien mit Verwandten, Bekannten und Freunden ein um das Feuer abzubrennen und den Winter zu vetreiben, damit der Frühling Einzug halten konnte.

Am Tag vor Ostern bauen die Kinder ein Nest aus Moos im Garten, dort hinein wird noch eine Wurzel für den Osterhasen gelegt, damit er recht viele Bunte Eier im Garten versteckt. Die Mütter haben später, wenn die Kinder schlafen und vom Osterhasen träumen, Zeit, Eier zu kochen und diese dann zu färben. Farben werden aus Zwiebelschale, Rote Beet und Spinat hergestellt. Bunte Eier gehören einfach zum Osterfest.

Ostermorgen

Frühmorgens läuten die Kirchenglocken und laden zum Gottesdienst ein. Ungeduldig erwarten die Kinder am anderen Morgen auf den Moment, wo sie in den Garten dürfen und mit dem „Eier söken" beginnen können. Danach beginnt das Osterfrühstück für die ganze Familie. Anschließend beginnt dann das „Eier Tröllen". Jüngere Herren versuchen „Bunte Eier" über das Wohnhausdach ihrer Angebeteten zuwerfen, dieses soll Glück bringen und das heimliche Flehen erhören. Die Hausfrauen bereiten ein festliches Mittagsessen vor.

Melkries
(Milchreis)

1 l Milch, 2 Eßl. Zucker und 1 Prise Salz zum Kochen bringen. 200 gr. Milchreis hinein schütten und unter Rühren 5 Min. kochen lassen. Den Topf vom Herd nehmen, den Deckel schließen und ihn in eine Wolldecke einschlagen. Dann stellt man den Topf ins Bett und läßt den Reis ca. 40 Min. ziehen. Der Milchreis wird mit Zimt und Zucker, zerlassener Butter und in Scheiben geschnittener luftgetrockneter Mettwurst gegessen.

Rebbedi oder Repti-Mehldick
(Dicker Mehlbrei)

1 1/2 l Milch, 1 Prise Salz, 500 gr. Mehl
Die Milch mit 1 Prise Salz zum Kochen bringen, das Mehl vorsichtig hineinrühren und ca. 5 Min. unter ständigem Rühren kochen lassen. Der Brei muß ständig gerührt werden damit er nicht anbrennt. Dazu reicht man Sirup, Buttersoße, Zucker oder gekochte Birnen.

Kartoffelpuffer

1 kg Kartoffeln, 1 Zwiebel, 1 - 2 Eier,
1 Prise Salz, 2 Eßl. Mehl

Die Kartoffeln schälen, in Stücke schneiden und reiben, die Zwiebel abpellen und mit reiben, Eier mit einer Prise Salz und dem Mehl unter die Kartoffelmasse rühren. Bratenfett, Schmalz u.a. in einer großen Pfanne schmelzen und heiß werden lassen. Die Kartoffelmasse Eßlöffelweise verteilen und flache Pfuffer goldgelb backen.
Mit Zucker, Apfelmus, u.a. servieren.

Gekochter Schellfisch oder Rotbarsch

Am Tag zuvor wird im Fischladen Angelschellfisch besorgt. Am anderen Morgen werden der Kopf und die Flossen entfernt und der Fisch abgeschuppt, von innen gesäubert und gewaschen. Danach wird er bis zum Kochen in einer Schüssel mit Salzwasser aufbewahrt.

Nun wird ein großer Topf mit Salzwasser und Gewürzen wie Zwiebelscheiben, Lorbeerblätter, Pfefferkörner und Senfkörner zum Kochen gebracht. Dahinein gibt man nun den in ein Handtuch gelegten ganzen Fisch und läßt diesen aufkochen und hinten auf dem Ofen garziehen.
Zuletzt wird der gare Fisch mit dem Tuch aus dem Topf genommen und auf einer große Platte angerichtet.
Aus der Fischbrühe wird eine Senfsauce gekocht.

Dazu werden zerlassene Butter, Salzkartoffeln und Gurkensalat gegessen. Mit etwas Saurem ein kleines Gedicht.

Bottermelkbree
(Buttermilchbrei)

Die Graupen werden gewaschen mit kalten Wasser in einen Topf gegeben. Diese läßt man einige Zeit vorgaren. Nun gibt man die Buttermilch dazu und läßt das ganze 1 Std. auf der Herdplatte köcheln. Ab und zu wird der Brei umgerührt, zum Schluß mit Zucker und einem kleinen Stückchen Butter abschmecken und so verfeinern. Besonders lecker schmeckt dazu Schwarzbrot mit Butter, ein scharfer Käse gehört auch dazu.

Updrögt Bohnen I
(Getrocknete Bohnen)

Die sehr reifen Bohnen werden gewaschen und abgesplietet (Fäden abziehen). Die Bohnen werden mit einer großen Stopfnadel auf ein Bohnenband aufgereiht. So aufgefädelt reichen ca. 1 1/2 Meter für 4 Personen. Die Bohnenbänder werden an den Speckhaken unter der Küchendecke, auf dem trockenem Dachboden oder unter einem Dachvorsprung ca. 6 Wochen zum Trocknen aufgehängt. Danach kommen sie in eine Blechtrommel. Vor dem Kochen werden die getrockneten Bohnen in kleine Stücke gebrochen und über Nacht in Wasser eingeweicht. Die Bohnen werden im Einweichwasser gekocht, geräucherter durchwachsener Speck und Kleinfleisch wie Pfoten, Ohren und Schwanz werden mitgekocht. Zum Schluß werden die Bohnen mit Milch und Mehl angedickt und mit Salz und Pfeffer gewürzt. Dazu werden Salzkartoffeln gereicht, die extra gekocht oder zuvor mitgegart wurden. Eine Messerspitze Backpulver verkürzt die Kochzeit und macht die Bohnen bekömmlicher. Achtung, Schweineschmalz nicht vergessen. Die Bohnen brauchen viel Schmiere. Lecker schmecken dazu auch Lungenwurst oder Kochwurst.

Insettbohnen
(Schnippelbohnen)

Die geputzten Bohnen werden mit einer Schnippelmaschine bzw. von Hand fein geschnippelt oder in sehr dünne Scheiben geschnitten, mit Salz überstreut, etwa 1/2 Std. zum Saftziehen stehengelassen und anschließend, tüchtig gestampft festgefüllt in Steintöpfe, läßt man sie ca. 8 Wochen säuern. Die Bohnen werden nun mit einem Leinentuch und einem Teller abgedeckt und mit einem kleinen Stein beschwert. Die Flüssigkeit muß das Ganze bedecken. Sollte nicht genug Flüssigkeit entstehen kann mit abgekochtem Salzwasser aufgefüllt werden. Einmal pro Woche sollte der Topf kontrolliert werden um eine Fehlgärung zuverhindern. Mit heutigen modernen Steintöpfen mit Wasserring wird die Herstellung etwas pflegeleichter.

Die gebrauchsfertigen Schnippelbohnen sollten vor dem Kochen mindestens 12 Stunden gewässert werden. 1 kg gesalzenen Schnippelbohnen (Salzbohnen) eine Nacht wässern. 1 Zwiebel in Würfel schneiden und in 1 Eßl.

Schweineschmalz andünsten. Bohnen dazu geben und mit 1 l Wasser oder Brühe auffüllen. Kleinfleisch (Schweinepfoten, Ohren oder Schwänzchen), etwas geräucherten Bauchspeck oder Räucherendchen auf die Bohnen legen und alles zusammen garen. Einige Kartoffeln schälen in große Würfel schneiden und zum Schluß mit kochen lassen. Kleinfleisch und Kartoffeln nach dem Garen extra auf einer Platte legen und mit Milch und Mehl den Eintopf andicken. Mit etwas Pfeffer wird das Gericht abgeschmeckt.

Tipps:

Kleinfleisch extra in Salzwasser kochen und die Brühe für den Eintopf verwenden.
Vorsichtig mit Salz, da die Bohnen schon gesalzen sind.
Etwas Backpulver an die Schnippelbohnen geben, diese werden dadurch bekömmlicher und garen besser.

Milchsuppen zum Frühstück vor der Schule oder Arbeit

Haferschleimsuppe

Haferflocken werden unter ständigem Rühren in kochendes Wasser oder Milch gegeben. Zur Verfeinerung gibt man etwas Butter und feinen Zucker dazu

Heiße Milch mit Zwieback

In einen tiefen Teller werden einige Zwiebacke gelegt, darüber kommt heiße Milch und etwas feiner Zucker. Echt lecker

Milchsuppen

- In die kochende Milch gibt man Hörnchennudeln und lässt diese garen. Zum Schluss kommt ein Stückchen Butter dazu und etwas feiner Zucker.
- Kochende Milch wird mit Vanillin oder Schokoladenpuddingpulver angedickt und mit Zucker gesüßt.

Makkaroni

Makkaroni werden zerbrochen und in kochendem
Wasser oder Milch gegart
• mit Zimt, Zucker und etwas Butter verfeinert.
Dazu wird Apfelmus gegessen
• mit Paniemehl und Butter
Makkaroni werden auch als Beilagen zu Gulasch
auf den Mittagstisch gestellt.

Rhabarbersopp
(Rhababersuppe)

Einige Stangen Rhababer werden geerntet, gewaschen, geputzt und in kleine Stücke geschnitten. Die Rhabarberstücke setzt man in einem Topf mit Wasser auf und zum kochen gebracht. Zum abschmecken nimmt man Zucker und ein Stück Kanell (Stangenzimt). Die Suppe kann mit Sago gebunden oder mit Vaniliepuddingspulver angedickt werden.

Brotsuppe (um 1880)

1/2 Schwarz-, 1/2 Weißbrot wird in Wasser ganz zerkocht, durch ein Haarsieb gestrichen und mit Korinthen oder Rosinen, einer Prise Salz, Zucker und etwas Zitronensaft gekocht.
Vielleicht zur Kräftigung nach Schwachheit mit etwas Wein oder Eigelb anreichern.
Eventuell auch mit Apfelwürfeln.

Biersuppe (um 1885)

Schaumbiersuppe: 1 l Bier, 1 l Wasser, 2 Eßlöffel Mehl, 4 ganze Eier, Zucker, 2 Scheiben Zitrone, nach Bedarf etwas Zimt. Alles zusammen über starkem Feuer mit dem Schaumschläger kräftig schlagen und kurz vor dem Kochen in eine Suppenterrinne gießen. Geröstete Weißbrotwürfel oder Zwieback darüber streuen.

Biersuppe mit Brot

1/2 Schwarz-, 1/2 Weißbrot mit wenig Wasser ganz musig kochen, durch ein Sieb streichen und mit Korinthen, Zitronenscheiben, Bier und Zucker aufkochen. Zum Schluß mit etwas Eidotter abrühren.

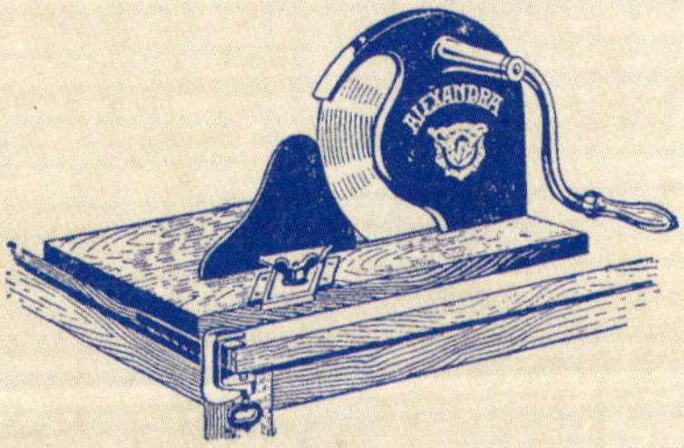

Matjes »Jeverländer Art«

Schlagsahne steif schlagen und mit etwas Zitronensaft, Salz, Pfeffer und feinem Zucker abschmecken. 2 süßsaure Äpfel schälen, entkernen und in dünne Scheiben schneiden. 2 Gewürzgurken in Scheiben schneiden, 1 Zwiebeln in dünne Scheiben schneiden. Alle Zutaten unterheben und nochmals abschmecken. Matjesfilets abwaschen, auf eine Platte legen und die Soße darüber geben. Mit frischer gehackter Petersilie und etwas Paprika garnieren. Dazu gibt es Pellkartoffeln oder Salzkartoffeln.

Matjes mit Bohnen

1 kg junge grüne Bohnen in Salzwasser garen. Zwiebeln in Butter dünsten, mit Milch auffüllen und mit Mehl andicken, die Bohnen dazu geben und mit etwas geriebener Muskatnuß abschmecken. Matjesfilets mit feinen Zwiebelringen extra auf einer Platte anrichten. Dazu gibt es Salzkartoffeln und Buttersoße.

Girsch oder Melde

Wurde früher wie Spinat gekocht und gegessen.
Das gepflückte Grün wird tüchtig gewaschen, mit etwas Fett und Zwiebeln anschwitzt und mit Wasser oder Brühe aufgossen und kurz köcheln gelassen.
Mit Salz und Muskat würzen. Bei Bedarf andicken mit etwas Mehl.

Girsch oder Melde wurden auch gerne als Salat angemacht.

Maibowle

1 Bündel Waldmeister kurz vor dem Blühen pflücken und in einem Gefäß mit 1 Flasche Wein übergießen.
Dieses 1/2 Stunde, je nach Geschmack mit etwas Zucker, ziehen lassen. Dann die Waldmeisterblätter entfernen und mit etwas Sekt servieren.

Dree in Pann
(Drei aus der Pfanne)

500 gr. Mehl, 20 gr. Hefe, 1 Prise Salz, 2 Eier, etwas Zucker, 3 Eßl. Milch, Schmalz, Öl oder Margarine zum Ausbacken.

Die Hefe mit Zucker in 3 Eßl. lauwarmer Milch verrühren. Um einen Teig herzustellen geben wir das Mehl in eine Schüssel, vermengen die Hefe und geben Milch, Eier und Salz dazu. Den Teig stellt man nun einige Zeit zum Aufgehen an einen warmen Ort. In einer Pfanne Fett heiß werden lassen. Darin werden die eßlöffelweise abgestochenen Teigstücke gebacken. Die fertigen Puffer werden mit Zucker, Apfelmus oder auch hellem Sirup serviert.

Maischolle mit Kartoffelsalat

Kleine Schollen säubern, waschen und abtrocknen. Mit Salz würzen und in heißer Butter braten. Kartoffelsalat: 1 kg Pellkartoffeln kochen, abpellen und in dünne Scheiben schneiden. Aus 4 Eiern, Essig, Zwiebelwürfeln, Salz, Pfeffer und etwas feinem Zucker im Mixer eine Soße herstellen. Frische gehackte Petersilie dazu geben. Alles über die noch warmen Kartoffelscheiben geben und 1 - 2 Std. durchziehen lassen und nochmals abschmecken.

Erdbeertraum

Erdbeerzeit: 750 gr. frische Erdbeeren werden am Abend vorher mit 500 gr. Zucker angesetzt. Am anderen Morgen werden 5 Eigelb zu den Erdbeeren gegeben und durch ein Sieb gerührt. Nun werden 8 Blatt Gelatine in einer Tasse Wasser aufgelöst und unter die Masse gezogen. Das steif geschlagene Eiweiß unterheben und das ganze stocken lassen. Mit Vanillesoße servieren.

Verschiedene Salate

Grüner Salat aus dem eigenen Garten wird geerntet, geputzt und 2 - 3 mal in einer großen Schüssel mit kaltem Wasser gewaschen. Nun gibt man den Salat in ein Sieb oder Durchschlag und lässt ihn abtropfen. Nun wird eine Marinade zubereitet und kurz vor dem Verzehr über den geputzten Salat gegeben. Die Milch wurde entrahmt und der Rahm wurde ein paar Tage hingestellt.

- Saure Sahne mit Spritzer Zitronensaft, Zucker, Prise Salz und kleingeschnittener Zitronenmelisse.

- Essig, Öl Zweiteln, Salz, Pfeffer und etwas Zucker

- Ausgepressten Zitronensaft, Schuss Apfelsaft, Prise Salz und feinen Zucker

Gurkensalat

Die Gurken werden geschält und in dünne Scheiben geschnitten. Die Gurkenscheiben kommen in eine Marinade aus Essig, Zwiebelwürfel, Zucker, Öl, Pfeffer , Salz und etwas gehackter Dill

Bohnensalat

Es gibt verschiedene Methoden einen Bohnensalat herzustellen.
Junge Grüne Bohnen oder Wachsbohnen werden geputzt und in Salzwasser gegart. Die Bohnen kommen nun noch warm in eine Essigmarinade aus Salz, Pfeffer und Zucker. Zum Schluss kommt noch ein kleiner Schuss guten Speiseöls dazu.
Im Winter wird aus eingekochten Bohnen ein Salat zubereitet. Auch diese werden aufgekocht und warm in eine Marinade eingelegt. Zwiebelwürfel geben den Bohnen einen leckeren Geschmack und auch frisch gehackte Petersilie schmeckt gut dazu.

Kartoffelsalat

Frische Pellkartoffeln werden in dünne Scheiben geschnitten. Eine Marinade aus etwas Brühe, Zwiebelwürfel, Salz , Pfeffer, Essig, Öl und Zucker lässt man kurz aufkochen . Diese Marinade wird noch warm über die Kartoffelscheiben gegeben. Nun wird der Salat durchgeschwenkt und abgeschmeckt.
Je nach Lust und Laune können Gurken, Äpfel oder andere Gemüse- würfel' dazu gegeben werden. Auch gekochte Eier oder Fleischreste werden dahinein gegeben.

Majonaise selbst hergestellt

Es gibt verschiedene Möglichkeiten Majonaise selbst herzustellen
Man gibt 2 Esslöffel Kartoffelmehl in eine hohe Schüssel und gießt etwas einen 1/4. l kochendes Wasser darüber.
Nun wird die Masse glatt gerührt .
Nach dem erkalten wird ein Eigelb darunter gezogen und mit Essig, Salz Pfeffer und eine Prise Zucker abgeschmeckt .Diese Art ist leicht bekömmlich.

Echte Majonaise

Man rechnet auf einen 1/2 l gutes Speiseöl, 2 Eigelb. Öl und Eier müssen die gleiche Zimmertemperatur haben. Die Eigelbe werden verrührt und unter ständigem Rühren wird das Öl tropfenweise hinzu gegeben. Danach mit etwas Senf, gemahlenen Pfeffer, Salz und Zitrone abgeschmeckt. Diese Majonaisenzubereitung verlangt sehr viel Geduld und ständiges Rühren. Sollte die Masse gerinnen, fängt man mit 1 Eigelb wieder von vorne an.

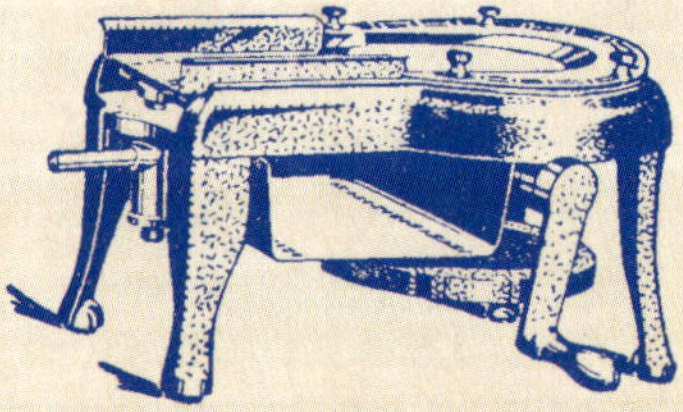

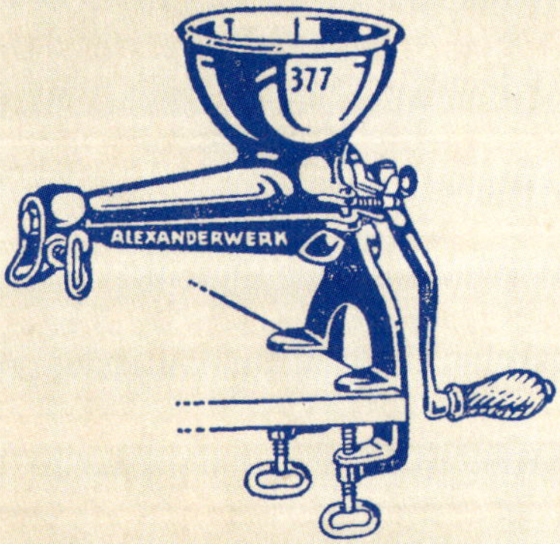

Frische Gemüsesuppe mit Griesklößchen

Um eine gute Knochenbrühe zu erhalten, sollte man kleingeschlagene Knochen mit kaltem gesalzenem Wasser aufsetzten und ca 3 Std. langsam köcheln lassen. Zwischendurch die Brühe abschäumen. Um die Brühe schmackhaft werden zu lassen, sollte man eine 1/2 Zwiebel auf der Herdplatte goldgelb bräunen lassen (wegen der Röststoffe) und Wurzelwerk (Lauch, Wurzeln und 1 Stk. Sellerie) in groben Stücken in der Brühe mit ziehen lassen. Quer durch den Garten – 1 kg frisches Gemüse putzen, waschen, kleinschneiden und in einem Topf mit 2 l Brühe auffüllen. Mit Suppengewürz, Salz, Pfeffer und Liebstöckel würzen und auf der Herdplatte garen. Die Gemüsesuppe kann mit Reis oder Nudeln aufgefüllt werden, die extra gekocht wurden. Für die Grießklößchen: 130 gr. Grieß in 1/2 l Milch unter Zugabe von 20 gr. Butter aufkochen und so einen Teig herstellen, frische Kräuter, Salz, Pfeffer untermengen. Mit einem Teelöffel Grießklößchen abstechen und in der Gemüsebrühe gar ziehen lassen.

Zuckerarfen
(Zuckererbsen oder Kaiserschoten)

Erbsenschoten müssen ganz jung gepflückt werden. Die dicken Erbsenschoten werden ausgepult und nur die Erbsen werden verwendetet, da die Schoten hart und strohig werden. Die Zuckererbsen werden abgesplietet (Fäden abgemacht), gewaschen und schräg durchgeschnitten. Anschließend werden sie in leichtem Salzwasser und ein Eßl. Butter weichgekocht. Sie können mit Milch und Mehl angedickt werden. Gewürzt werden sie mit einer Prise geriebenen Muskatnuß und frisch gehackter Petersilie.

Ein mit gekochter geräucherter Schinkenknochen gibt dem ganzen einen feinen Geschmack.

»Elk sin Mög, sä de Jung, ick eet Fliegen
un min Moder Landbohnen« (Sprichwort)

Zuckerarfen mit Hüdel
(Zuckererbsen mit Hefekloß)

Dieses Gericht wird in einem hohen Topf zubereitet. Die Zuckererbsen werden in Salzwasser mit einem Schinkenknochen gekocht.

Aus 1 Pfd. Mehl, 2 Eier, 1 Päckchen Hefe, 1/4 l Milch und einer Prise Salz wird ein Hüdel zubereitet. Der Kloß wird auf einen Teller auf die Zuckererbsen gelegt und ca. 3/4 Stunde in dem geschlossenen Topf mit gegart. Dabei soll auf genügend Flüssigkeit geachtet werden. Der fertige Hüdel wird anschließend vorsichtig aus dem Topf genommen und auf einer Platte angerichtet.

Die Zuckererbsen werden je nach Geschmack angedickt oder nur mit etwas Butter und Petersilie abgeschmeckt und in einer Schüssel (Kumme) extra serviert. Dazu werden geräucherte Schinkenwürfel und zerlassene Butter gereicht.

Holunderblütensekt

Zutaten: 7 - 8 Dolden Holunderblüten, 1 kg feinen Zucker, 30 gr. Zitronat und 2 unbehandelte Zitronen.
In einem großen Topf, z.B. Einmachtopf 7 Liter Wasser aufkochen und abkühlen lassen.
In dem Topf alle Zutaten zusammengeben. 1 - 2 Tage stehen lassen, dann in Flaschen abfüllen und ca. 6 Wochen in einer dunklen Ecke stehen lassen.

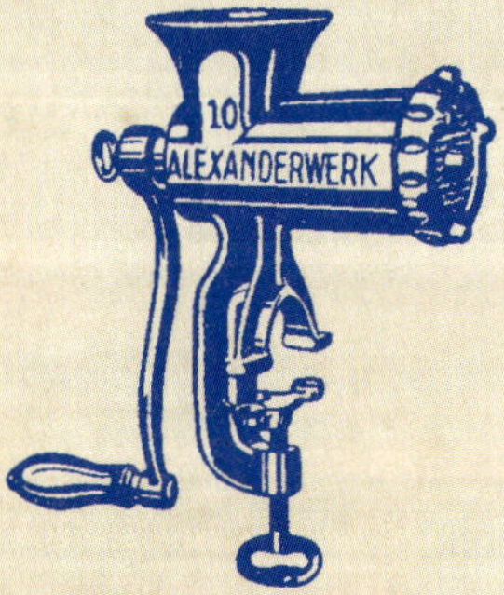

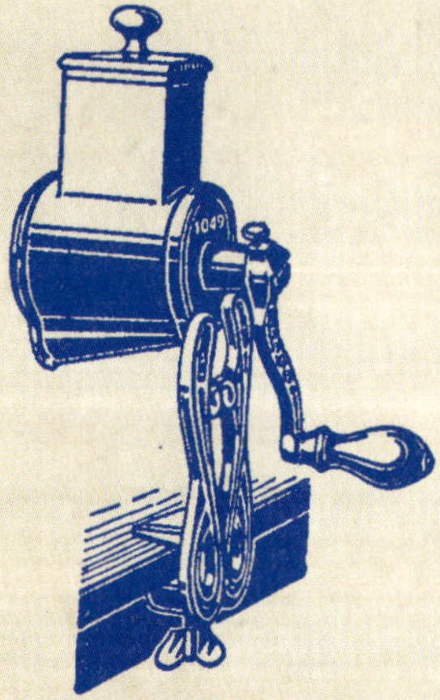

Suppen aus Hülsenfrüchten

Weiße Bohnensuppe, Bunte Bohnensuppe
Prunkelbohnensuppe (Feuerbohnen)

Bohnen haben eine lange Kochzeit, darum muß früh mit dem Kochen begonnen werden, Am Abend vorher werden ca. 500 gr. Bohnenkerne in Wasser eingeweicht. Am anderen Morgen werden sie mit frischen Wasser aufgesetzt und ca. 15 Min. kurz aufgekocht. Danach wird das Wasser abgegossen und die Bohnen mit kochendem Wasser wieder neu zum Kochen gebracht und langsam weichgekocht.
1 Stück Speck, Schinkenreste und Räucherwurst werden mit gekocht und wenn diese gar sind aus dem Topf genommen und kleingeschnitten.
Dazu kommt nun in Würfel geschnittenes Suppengrün (Wurzeln, Sellerie, Kartoffeln, Poree, Zwiebel usw. je nach Geschmack).
Nun füllt man noch etwas Wasser oder Brühe und läßt die Suppe langsam sämig Kochen. Die letzten Minuten gibt man das kleingeschnittene Fleisch dazu . Abgeschmeckt wird mit frischen gehackten Kräutern, Salz und Pfeffer.

Große Bohnen

Die großen Bohnen werden ausgepult und von den Nasen befreit. Danach werden sie mit in Würfel geschnittene Wurzeln gekocht und mit Salz und Pfeffer gewürzt. Zum Schluß werden die Bohnen mit Mehl und Milch angedickt und mit viel frischer gehackter Petersilie abgeschmeckt.

Dazu gehört Speck-Zwiebelstip:
Fette Speckwürfel auslassen und zum Schluß kommen Zwiebelwürfel dazu.
Als Beilage werden Salzkartoffeln gegessen.

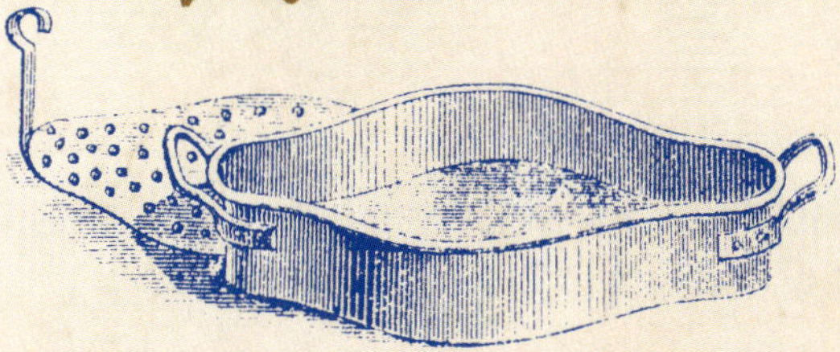

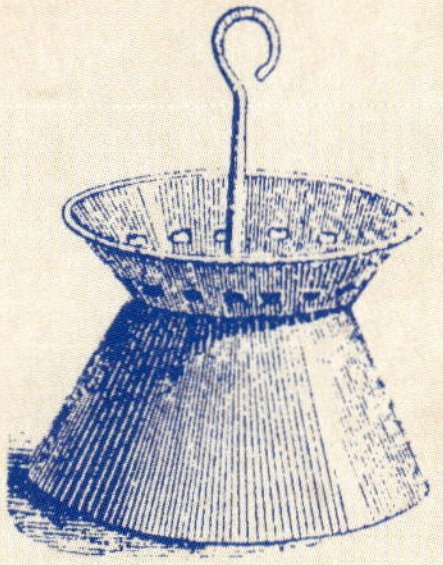

Pfannen und Backformen aus der Küche von damals.

Kartoffeln - unentbehrlich

In der Notzeit, um 1940 des Krieges, als zahlreiche Lebensmittel knapp oder überhaupt nicht erhältlich waren, hat die Kartoffel ihre besondere Bedeutung für die Volksernährung gezeigt. Die geschickte Hausfrau konnte aus Kartoffeln zahlreiche schmakhafte Gerichte herstellen. Suppen, sättigende Hauptgerichte, Abendmahlzeiten und sogar Süßspeisen. Diese vielfältigen Zubereitungsmöglichkeiten brachten die erwünschte Abwechslung in den Küchenzettel. Nachstehend einige bekannte Rezepte:

Bunter Kartoffelberg

1 1/2 kg. Kartoffeln, 1/4 l abgerahmte Milch, etwas Margarine, 100 gr. Wurst oder Schinkenreste, 300 gr. Tomaten oder Tomatenmark, evtl. etwas geriebener Käse, 1 - 2 gekochte Eier, Petersilie.

Die Kartoffeln kochen und dann mit der Milch und mit Magarine zu einem schaumigen Brei schlagen Wurst oder

Reste werden in Würfel geschnitten und darunter gerührt. Aus den Tomaten wird eine Sauce hergestellt, die nach Geschmack mit dem geriebenen Käse verfeinert wird. Die Kartoffelmasse wird auf einem flachen Teller mit einem Teil der Tomatensauce, den Eierscheiben und der Petersilie portionsweise angerichtet.

Straßburger Katoffeln

1 Salzhering, 1 1/2 kg Kartoffeln, 40 gr. Fett,
1 Zwiebel, 30 gr. Mehl, 1/2 l Milch,
etwas rohen Schinken oder Bratenreste, 30 gr. Käse

Die Zwiebelwürfel in Fett dünsten Mehl dazu geben mit Milch auffüllen und durchkochen lassen . Den gewässerten feingewürfelten Hering, den Schinkenoder Bratenresten würfel und die vorher gekochten und in Scheiben geschnittenen Kartoffeln gut vermengen und abschmecken. Die Masse wird in eine gefettete Auflaufform gefüllt, mit dem geriebenen Käse bestreut, mit Butterflöckchen belegt und etwa 30 Minuten bei mäßiger Hitze gebacken.

- Juli -

Schmorkartoffeln

Auch Schmorkartoffeln schmecken sehr gut dazu:
1 kg Kartoffeln werden geschält und roh in dünne Scheiben geschnitten. In einer großen Pfanne werden Schmalz, Speck- und Zwiebelwürfel ausgelassen, die Kartoffelscheiben dazugeben, gewürzt mit Salz und Pfeffer und läßt nun das ganze ca. 15 Min. in der abgedeckten Pfanne langsam schmoren. Anschließend werden die Kartoffeln noch einige Minuten ohne Deckel fein knusprig gebraten.

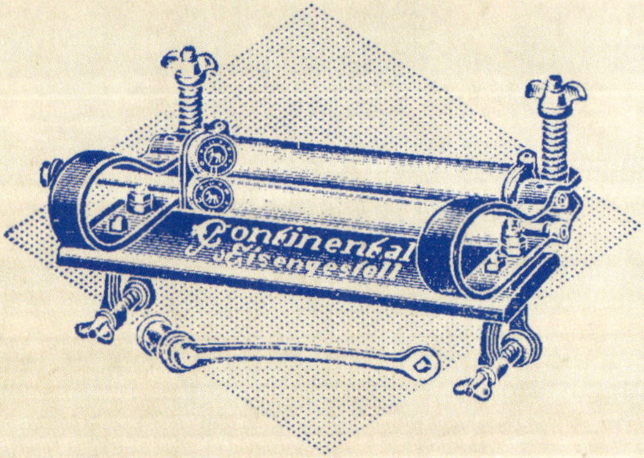

Schusterstip mit Pellkartoffeln

etwas Margarine oder Butter, 1 Zwiebel,
1 l Milch, 50 gr. Mehl
Von den Zutaten wird eine helle Sauce hergestellt, die mit Salz etwas Muskat und frischer Petersilie abgeschmeckt wird. Dazu gibt es Pellkartoffeln und etwas Saures (Gurken, Rotebeete oder Brathering)

Kartoffelnudeln

1 kg Kartoffeln, 100 - 150 gr. Mehl, 3 Eßl. saure Milch oder Sahne, evtl. 1 Ei, zum ausbacken 40 g Fett, 1/4 l heiße Milch.
Aus den gekochten und geriebenen Kartoffeln und den anderen Zutaten wird ein geschmeidiger Teig hergestellt, aus dem man etwa 1 cm dicke, fingerlange Rollen formt. Die Nudeln werden in wenig Fett angebraten, mit der heißen Milch übergossen und solange gebraten, bis die Milch eingekocht ist und die Nudeln schön braun sind. Sie werden mit Zucker bestreut auf dem Tisch gebracht.

Kartoffel-Käsepudding

100 gr. Butter, 3 Eier getrennt, 500 gr. Kartoffel,
2 Eßl. Milch, etwas Salz, 4 - 5 Eßl. geriebener Käse,
evtl. etwas Paprikapulver

Butter und Eigelb schaumig rühren, die am Tage vorher gekochten Kartoffeln reiben. Milch, Gewürze und Käse dazu geben, zuletzt den Eischnee unterheben. Die Masse wird in eine gefettete Puddingform gefüllt und im Wasserbad gar gekocht.

Kartoffeltorte

300 gr. Kartoffeln, 100 gr. Gries, 250 g Zucker,
2 - 3 Eier, 1 - 2 Eßl. Zitronensaft, etwas abgeriebene
Zitronenschale, 1 Päckchen Backpulver

Zucker und Eigelb schaumig rühren, nach und nach alle Zutaten dazugeben, zuletzt den steifgeschlagenen Eischnee unterziehen. In einer gefetteten Springform wird der Teig bei mäßiger Hitze etwa 60 Minuten gebacken. Verfeinert wird die Torte mit einer Füllung aus Marmelade und einem Zuckerguß.

Suppen

(Sommer-Gemüsesuppe)

Früh morgens ging Oma einmal quer durch ihren Gemüsegarten und erntete: Wuddels (Wurzeln), grüne Bohnen, Erbsen, Zuckererbsen, Sellerie, Petersilienwurzeln, Pastinacken (weiße Wurzeln), Porree (Lauch), Blumenkohl, Kohlrabi, Kräuter, Kartoffeln. usw.

Das Gemüse wurde geputzt, gewaschen und zerkleinert, in einen Topf gegeben mit eingekochter Brühe oder Wasser aufgefüllt und zum Kochen gebracht. Lungenwürste, frische Kochwurst oder Räucherendchen wurden mitgegart und dann wieder heraus genommen. Die Wurst wurde in Scheiben kleingeschnitten.

Abgeschmeckt wurde mit etwas Pfeffer und viel frischen Kräutern. Ab und zu wurde statt der Karoffeln eine handvoll Nudeln mitgekocht,

Einlagen für Suppen:

Fleischeinlagen

Suppenfleisch, Suppenknochen oder Beinscheibe vom Rind wird im kalten Wasser mit Salz gewürzt, aufgesetzt und zum kochen gebracht. Dahinein kommt getrocknetes Suppengewürz und eine auf dem Herd angebräunte Zwiebelhälfte. Der weiße Schaum auf der Brühe wird vorsichtig abgenommen mit einem feinen Sieb oder einen Schäumer. Das Fleisch wird nun in dem geschlossenen Topf langsam gegart. Später wird das Fleisch aus der Brühe genommen und kleingeschnitten. Um kleine Kochensplitter zu entfernen siebt man die Brühe durch. Mit der Brühe wird nun das Gemüse aufgefüllt und darin gegart.

Kleine Hackklöße

Aus Hackfleisch, 1 Ei, fein gehackten Kräutern, Zwiebelwürfeln, Salz, Pfeffer und 1 Eßl. Paniermehl wird ein Teig hergestellt. Nun werden kleine Klößchen abgestochen und in die kochende Brühe gegeben. Dort läßt man sie einige Minuten ziehen und gibt dieses alles zusammen in die fertige Suppe.

Holländischer Eintopf

Pastinaken, Wurzeln, Zwiebeln und Kartoffeln werden geputzt und in Würfel geschnitten. Sie werden in einer kräftigen Fleischbrühe gegart. Sehr gut schmecken Lungenwürste oder geräucherte Kochwürste dazu. Die Garzeit beträgt ca. 30 Min. Mit etwas Milch und Mehl wird der Eintopf gebunden. Das Gericht wird mit Salz und Pfeffer abgeschmeckt und mit frisch gehackter Petersilie angerichtet.

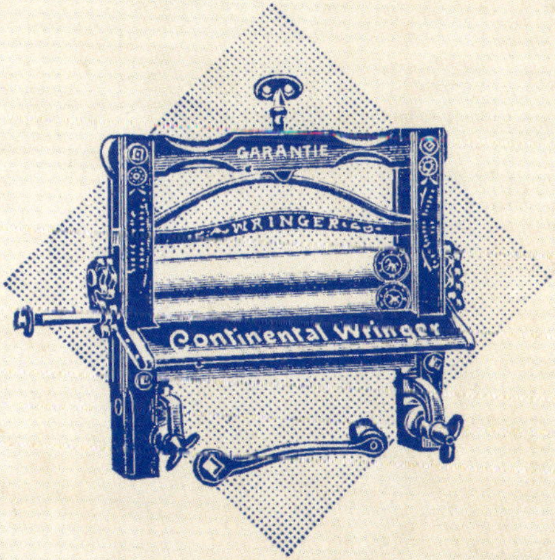

Rode Grütt
(Rote Grütze)

Man läßt 1/2 Pfund Perlsago mit Wasser, Zucker und 1 Stange Zimt halb gar kochen und gibt in Stücke geschnittenes Obst und Saft nach gut dünken dazu und läßt alles zusammen garen. Die fertige Rote Grütze wird in eine Schüssel gefüllt und zum abkühlen an einen kühlen Ort gestellt.

Rote Grütze.

1/2 ℔ Perlsago wird mit Zucker u St. Zimmt halb gar-
gekocht u Saft nach gut dünken. Vanillensauce dazu.

Erdbeer-Pudding.

3/4 ℔ Erdbeeren werden abends vorher mit 1/2 ℔ Zucker aufgesetzt. Am andern Tag 5 Eidotter hinzugegeben und dieses zusammen durch ein Sieb gerührt. 8 Blatt Gelatine in einer Tasse Wasser aufgelößt u den steif geschlagenen Schnee dazu. Mit Vanillensauce zu servieren.

Pluum söd un suur
(Pflaumen süß-sauer)

Neben dem Essig wirkt bei dieser Art des Konservierens zusätzlich der Zucker haltbarmachend. Für den Sud braucht man 3/4 l Essig oder 1/2 l Essig und 1/4 l Wasser, 750 gr. Zucker, je nach Süße etwas mehr und Gewürze. Zum Süßen nimmt man weißen oder braunen Kandis. Würze geben Zimtstangen, Ingwer und Nelken. Nun wird alles zusammen aufgekocht bis der Kandis völlig aufgelöst ist. 2 kg Pflaumen werden gewaschen und dann einzeln ein paarmal mit einer Gabel eingestochen. Nun legt man die Pflaumen in vorbereitete Gläser und übergießt die Früchte mit dem heißen Sud. Nach 2 bis 3 Tagen wird die Flüssigkeit wieder abgegossen, aufgekocht und erneut nach dem Abschmecken über die Früchte gegeben, das erhöht die Haltbarkeit. Nach 3 bis 4 Wochen können die Pflaumen als Beilagen zum Mittagessen gegessen werden.

Sauerfleisch-Eisbein
mit neuen Kartoffeln oder Schmorkartoffeln

1 großes Eißbein, Buttermilch, Wasser, 1 Lorbeerblatt, 2 bis 3 große Zwiebel, Salz, 2-3 Pfefferkörner, Essig, Zucker und Pfeffer, 1 Bund Petersilie, Kartoffeln, Butter

Das Eisbein über Nacht in Buttermilch einlegen. Am anderen Morgen wird das Eisbein in reichlich Wasser, Lorbeerblatt, Zwiebelscheiben, Salz und Pfefferkörnern gegart. Nach dem Kochen läßt man das Eisbein abkühlen und schneidet anschließend das abgepulte Fleisch in 2bis 3 cm dicke Würfel. Je nach Geschmack kann auch die Schwarte in kleine Würfel geschnitten werden. Inzwischen wird eine Marinade aus Essig, Salz, Zucker und Pfeffer hergestellt. Die Zwiebeln werden in dünne Ringe geschnitten und 1 Handvoll frischer Petersilie wird gehackt. Nun gibt man alle Zutaten zusammen in eine große Schüssel und läßt das ganze abgedeckt 1 bis 2 Std. durchziehen.
Dazu serviert man Salzkartoffeln und zerlassene Butter.

Kirschensuppe

1 kg frische, entsteinte oder 1 Glas eingekochte Sauerkirschen mit Wasser auffüllen und mit Zucker, einem Spritzer Zitronensaft und einer Stange Kanell kochen lassen. Die Suppe wird mit „Gustin" (Speisestärke) angedickt. Auch mit Grieß oder Sago können Obstsuppen hergestellt werden. Zum Schluß gibt man steifgeschlagenes, gezuckertes Eiweiß löffelweise auf die Kirschsuppe und läßt diese noch einige Min. garziehen.

Updrögt Bohnen II
Getrocknete Bohnen

Grüne Bohnen werden im Garten gepflückt, danach werden die Fäden abgezogen und die Bohnen werden in 2 bis 3 Teile gebrochen. Nun werden sie gründlich gewaschen und zum abtropfen auf ein Tuch ausgebreitet. Anschließend werden die Bohnen auf ein großes Backblech verteilt und bei milder Hitze werden sie dann auf oder im Backofen getrocknet. Zum Aufbewahren kommen sie in einen verschlossenen Behälter (Blechdose usw.), so aufbewahrt sind die Bohnen ewig haltbar.

Als Mittagsgericht werden die getrockneten Bohnen in einem Topf gefüllt und in leicht gesalzenem Wasser gegart, ein Stck. geräucherten und frischen Speck wird mit gekocht. Kartofelln werden zum Schluß oben drauf gelegt und mit gegart. Das ganze wird mit Pfeffer, Bohnenkraut und Muskat abgeschmeckt.

Schwarzwurzeln

Schwarzwurzeln werden unter fließendes Wasser sauber abgeschält, in fingerlänge geschnitten und sofort in Wasser mit etwas Essig gelegt, damit sie weiß bleiben. Sie werden anschließen in Salzwasser ca 15 Min. gegart.
Nun bereitet man eine Mehlschwitze zu, zieht ein Eigelb darunter und gibt dieses über die abgetropften Schwarzwurzeln. Das Eiweiß wird fest geschlagen, mit etwas Muskat gewürzt und unter die Zutaten gehoben. Das ganze läßt man im Backofen einige Zeit ruhen.

Schwarzwuzel können auch ohne Sauce nur mit Butter und Paniermehl angerichtet werden.

Hüdel oder Klüten
(Mehlkloß oder Hefekloß)

Es gibt verschiedene Formen wie ein Hüdel-Mehlkloß hergestellt wird. Der Teig wird in eine Hüdelform im Wasserbad gestellt und gekocht. Auch kann der Teig auf die Birnen, aufgetroknete Äpfel oder auch auf Zuckererbsen gelegt werden und wird so mitgegart. Dazu eignen sich aber nur sogenannte Steinbirnen, oder Kochgut mit langer Garzeit. Man kann den Teig auch in einem Handtuch über Wasserdampf garen lassen. Auch für Dampfnudeln im Backofen kann der Teig gebraucht werden.

Hüdel und Beern I & II
(Birnen mit Hefeklößen)

Aus 1 kg Mehl, 2 Päckchen Hefe, Milch, 3 Eier und 1 Prise Salz wird ein Teig hergestellt. Dieser Teig muß noch einige Zeit gehen. Den Teig in eine Hüdel-/Puddingform geben und in einem Wasserbad ca. 1 1/2 Stunden kochen. Inzwischen werden nach Bedarf Birnen geschält, entkernt und in 1/4 Spalten geschnitten. In einem Topf werden die Birnenspalten mit 1 Stk. geräuchertem Bauchfleisch gegart. Die Birnen werden mit Vanillepuddingpulver angedickt.
Zum Hüdel ißt man Buttersoße, Sirup, Marmelade oder Kompott. Hüdelreste ißt man in einer Pfanne mit Butter gebraten.

Hüdel

Wenn unsere Oma Hüdel kochte, hing der Kloß in einem blau-weiß karierten Geschirrhandtuch zwischen 2 Kochlöffel gebunden in einem hohen Topf mit Wasser. Das Wasser wurde gekocht und über dem Dampf wurde der Hüdel gegart.

Eine andere Art war, daß der Kloß z.B. auf getrocknete Äpfel oder Steinbirnen gelegt wurde. Dieses Kochgut hat eine längere Garzeit. Später gab es die „Hüdelform" oder Puddingform. In einem hohen Topf wurde die Hüdelform in Wasser gegart.

Der Rest des Hüdels wurde abends in Scheiben geschnitten und in der Pfanne mit Margarine gebraten. Dazu gab es Reste vom Mittag oder Sirup, Marmelade oder Apfelmus.

Ganz lecker schmeckte auch „Beesthüdel".
Die erste Milch von einer abgekalbten Kuh wurde durchgesiebt und im Teig als Flüssigkeit verwendet.

Süß- Saure Gurken

Die reifen Gurken schälen, in Daumengroße Stücke schneiden und in einer großen Kumme (Schüssel) salzen und über Nacht stehen lassen.

Einige 1/2 l Weckgläser werden gewaschen und zum Einkochen vorbereite. Passende Weckringe und Bügel werden zurecht gelegt.
Aus 1 Flasche Weinessig, 1 l Leitungswasser, 750 Gramm feiner Zucker, einige Pfefferkörner, Nelken und 1 Lorbeerblatt je nach eigenem Geschmack, einen Sud herstellen . Die abgetropften Gurkenstücke werden kurz in diesen Sud aufgekocht.
Die noch heißen Gurkenstücke werden in vorbereitete Weckgläser gefüllt, mit dem Essigsud aufgefüllt.
Ca. 20 Minuten werden die gefüllten gut verschlossenen Gläser in einen Wecktopf gestellt und eingekocht.

Kleine Gürkchen

Kleine Gurken werden gepflückt, kräftig gewaschen und in Salzwasser über Nacht stehen lassen. Am andern Tag wird aus 1/2 Essig und 1/2 Wasser, Zucker, Salz, Dill Gewürze wie Senfkörner, Zwiebeln und Pfefferkörner nach eigenem Geschmack ein Sud hergestellt.

Die Gürkchen werden in vorbereitete Gläser gelegt und mit dem heißen Sud bedeckt. Danach werden die Gläser verschlossen und eine 1/2 Stunde eingekocht.

Kürbis
(auch Oldenburger Ananas genannt)

Der Kürbis wird in große Stücke geschnitten , geschält und entkernt. Die Kürbisteile werden alsdann in Würfel geschnitten und in leichtes Salzwasser über Nacht stehen gelassen. Aus 1/2 Essig und 1/2 Wasser, Zucker je nach eigenem Geschmack und einem Stück Ingwer wird ein Sud hergestellt und aufgekocht. Dahinein gibt man portionsweise die gut abgetropften Kürbisstücke und lässt sie kurz aufwellen. Nicht zu lange kochen ,die Kürbisse sollen noch leicht knackig sein.
Die Kürbisstücke kommen in einen großen Steintopf oder in kleine vorbereitete Gläser mit Schraubverschluß. Nun gibt man den übrig gebliebenen Sud darüber, es sollte aber alles bedeckt werden. Die Gläser können nachher eingekocht werden. Die Kürbisse im Steintopf sollten nach 3 Tagen abgegossen werden, der Sud wird neu aufgekocht und heiß über die Kürbisstücke gegossen.
Der Steintopf wird mit Zellophan verschlossen und bleibt einige Wochen haltbar.

Essigbirnen

Die Birnen dürfen nicht reif sein .Nach dem Schälen sollten die Birnenstücke in leichtes Essigwasser gegeben werden, damit sie nicht braun werden.
1kg. Birnen werden geschält und halbiert. Das Gehäuse wird entfernt und die halben Früchte werden in einem Sud kurz 3 Minuten aufgekocht. Die Birnen legt man in ein großes Einmachglas und bedeckt sie mit der übrig gebliebenen Flüssigkeit. Das Glas muß luftdicht geschlossen werden.
Aus 1/2 Pfund Zucker oder braunem Kandis, Gewürznelken, 1 l Weinessig und etwas Wasser herstellen.
Die Birnen sollten nach 3 Tagen wieder abgegossen werden, danach lässt man den Sud wieder aufkochen und gießt ihn noch heiß über die Birnen. Die Früchte müssen bedeckt sein.
Bei zuwenig Flüssigkeit wird mit etwas Essig und Wasser vorm Aufkochen aufgefüllt, evtl. auch nachgesüßt.
Die eingelegten Früchte, Kürbisse und Gurken werden in gut verschlossenen Gläsern, dunkel und kühl aufbewart. Dies alles wird gerne als Beilagen zu den täglichen Mahlzeiten, Mittags oder auch zum Abendbrot verzehrt.

Buskohl
(Weißkohleintopf)

1 kg Weißkohl wird in Streifen geschnitten und abgewaschen. In einem großen Topf, werden vorher schon 1 bis 2 Eßl. Fett geschmolzen und dann 1 bis 2 Zwiebeln als Würfel dazu gegeben. Oben auf den Kohl legt man 2 bis 3 geräucherte Kochwürste und 1 Stk. frischen Bauchspeck. Anschließend würzt man mit Salz, Pfeffer und 1 Prise Muskat. Mit 1/2 l Brühe oder Wasser das ganze auffüllen und 1 Std. auf dem Herd kochen lassen. Wenn der Speck und die Wurst gar ist, werden diese heruntergenommen und warm gestellt. Der Weißkohl wird mit Milch und Mehl angedickt. Kartoffeln können oben auf mit gegart werden oder auch durchgemengt werden.
Tipp: Um den Eintopf zu verfeinern können auch 2 bis 3 Äpfel in Scheiben geschnitten und mit gegart werden. Um den Weißkohl bekömmlicher zu machen kocht man 1 bis 2 Eßl. Kümmel in etwas Wasser auf und gibt die Brühe durch ein Sieb zu dem Eintopf. Einige Leckermäuler spritzen auch ein paar Spritzer Essig vor dem Verzehr über den Eintopf.

Rotkohl gekocht

1 Kopf Rotkohl wird von den äusseren groben Blättern befreit, in Hälften geschnitten, vom Strunk und den dicklichen Rippen befreit und den anschließend fein gehobelt oder geschnitten. Der geschnittenen Kohl wird nun mit kochendem Wasser überbrüht und ca. 10 Min. stehen gelassen, bevor die Flüssikeit abgegossen wird.

Nun wird in einem großen Topf Schweineschmalz heiß gemacht und Zwiebelwürfel darin gedünstet. Dort hinein gibt man den feingeschnittenen Kohl, gießt etwas Wasser oder Brühe dazu und läßt das ganze langsam dämpfen.

Je nach Geschmack wird mit Salz, 2 Gewürznelken, 1 Lorbeerblatt, Apfelspalten, Essig oder einem Glas Wein gewürzt. Zuletzt stäubt man noch etwas Mehl zum Binden über den gegarten Rotkohl. Der fertige Rotkohl soll süß-säuerlich schmecken. Gelber Farinzucker gibt dem Kohl einen sehr guten Geschmack und auch mit etwas Kümmelwasser oder einem Eßlöffel Johannisbeergelee kann das beliebte Gemüse abgeschmeckt werden.

Rotkohl eingelegt

15 Pfd. Rotkohl wird in feine Streifen gehobelt. Nun streut man 1 1/2 handvoll Salz darüber und läßt das ganze 24 Stunden stehen. Aus 2 ltr. Weinessig, 1/2 l Tafelessig, 1/2 l Wasser und 4 Pfund feinem Zucker wird eine Lösung gekocht. Für den Gewürzbeutel werden 1 Teel. Senfkörner, 1 Teel. Nelken, 1 Teel. weiße Pfefferkörner und 5 Lorbeerblätern in einen Leinenbeutel gegeben und zugebunden. Der gesalzene Rotkohl und der Gewürzbeutel werden je nach Geschmack 10 bis 15 Min. in der Essiglösung gekocht. Danch wird der Rotkohl in einen Steintopf mit der Lösung gegeben und und mit Klarsichfolie verschlossen und zugebunden. Den eingelegten Rotkohl wird als Gemüse gekocht oder als Salat mit verschiedenen Obstwürfeln zubereitet.

Omas Sauerkraut selber herstellen

Der Weißkohl wird fein gehobelt und mit etwas Salz vermischt lagenweise in einen Gärtopf aus Steingut eingestampft.
Auf 50 kg. Weißkohl rechnet man ca. 100 bis 150 g Salz.
Der Inhalt des Topfes wird mit großen Weißkohlblättern abgedeckt und Das ganze wird mit einem Brett und darauf ein dicker Stein liegend verschlossen. Die Flüssigkeit muß ca. 2 cm über dem Brett stehen. Nun wird der Gärtopf 2 bis 3 Wochen bei ca. 15 Grad stehen gelassen und ab und zu kontrolliert.

Tipps: Da das Salz kaum zur Konservierung gebraucht wird, sondern um den Saftaustritt zu beschleunigen, kann die Menge gering bemessen werden. Dazwischen gestreute Wacholderbeeren oder Kümmel geben dem ganzen noch zusätzlichen Geschmack. Wenn man den Kohl aus dem Topf holt, muß man ihn recht stark ausdrücken, damit der Saft im Topf bleibt. Wenn zuwenig Flüssigkeit auf dem Sauerkraut steht, kann auch leicht abgekochtes Salzwasser nachgefüllt werden.
Einige Hausfrauen schneiden auch rohe Äpfel in das Sauerkraut.
Andere legen saubere Weinblätter auf das Eingelegte.
Wenn das Kraut weich wird, soll man 1 Glas guten Branntwein darauf gießen.

Blutballen mit Sauerkraut und Stampfkartoffeln

Das selbst hergestellte Sauerkraut wird aus dem Steintopf genommen probiert und evtl. abgewaschen.
In einem Topf wird Schmalz zerlassen und Zwiebelwürfel werden darin angedünstet. Nun kommt das Kraut dazu.
Das Ganze wird mit reichlich Brühe aufgefüllt. Gewürzt wird mit ein paar kleinen braunen Kandisstück.
Kartoffeln werden geschält, kleingeschnitten und in Salzwasser gar gekocht.
Nun werden sie gestampft und mit etwas heißer Milch und einem Stückchen Butter zu einem Brei verrührt.
Die Blutballenscheiben werden in einer Pfanne mit etwas Schmalz gebraten, auf einer Platte angerichtet und anschließend serviert.
Dazu gibt es je nach Bedarf Schwarzbrot, Zucker oder Sirup.

Eintopf von Wuddels und Pastinaken
(Wurzeln, Möhren, Karotten, Pastinaken)

Pastinaken sind weiße, größere Wurzeln. Der Anbau ist in den letzten Jahrzehnten stark zurückgegangen, da sie zu den Grobgemüsen zählen. Sie schmecken etwas süßlicher, haben allerdingst einen höheren Nährwert als Möhren und werden als Gemüsebeilage, Eintopf oder als Suppeneinlage verwendet und gegart. Als Rohkostsalat mit Möhren, Rettich oder Sellerie eignen sich die Pastinaken sehr gut. Sie sorgen für einen kräftigen Geschmack.

Die Pastinaken stellen die gleichen Klima- und Bodenansprüche wie Möhren, und sie wachsen bei uns sehr gut. Sie werden wie Wurzeln angebaut. Ab März erfolgt die Aussaat in Reihen mit einen Abstand. Die Ernte beginnt im Oktober und kann sich bis zum Frühjahr hinziehen, da dieses Wurzelgemüse nicht frostempfindlich ist. Pastinaken können aber auch in Gruben, im Keller oder in einem Sandeinschlag aufbewahrt werden.

Bohnen, Birnen und Speck

1 kg Bohnen, 4 bis 6 Scheiben geräucherten Speck,
8 kleine Kochbirnen, Bohnenkraut,
Salz, Pfeffer, 1 Spitze Butter

Frische junge Bohnen oder Stangenbohnen waschen, Spitzen abbschneiden, absplieten (Fäden abziehen) und in kleine Stücke brechen. Die Bohnen werden nun mit Wasser, durchwachsenem geräucherten Speck, Salz und Pfeffer zum Kochen gebracht. Bei mäßiger Hitze läßt man das Gargut köcheln. Die kleinen Kochbirnen werden gewaschen und die Kerne im Inneren mit einem Ausstecher ausgestochen. Die Birnen werden ca. 10 bis 15 Minuten oben auf den Bohnen mit gegart. Die Speckscheiben werden auf eine angewärmte Platte gelegt, die Bohnen mit etwas Bohnenkraut abgeschmeckt und mit einer Spitze Butter auf der Platte angerichtet. Zum Schluß kommen die Birnen darauf.

Wirsingkohl mit Hammelfleisch

2 Pfd. Hamelfleisch, 2 Pfd. Kohl, Wasser, Zwiebeln, Salz, etwas Mehl, Pfeffer

Das Fleisch wird gewaschen, gesalzen und in reichlich Wasser gekocht. Eine Zwiebel wird in grobe Stücke geschnitten und mit gegart. Der Wirsingkohl wird geputzt, in Streifen geschnitten und in den Fleichtopf gegeben, um ihn mit weich zu kochen. Zum Schluß nimmt man das Fleich heraus und stäubt etwas Mehl über den Wirsing und schmeckt ab.

Appelries
(Apfelreis)

750 gr. Äpfel schälen, entkernen und in Stücke schneiden, 1 l Wasser mit Zitronensaft, 1 Prise Salz aufkochen und 250 gr. gewaschenen Reis einrühren. 100 gr. feinen Zucker und die Apfelstücke dazu geben. Alles zusammen in dem zugedeckten Topf ca. 30 Min. leicht köcheln lassen. Mit Zimt, Zucker und zerlassener Butter servieren.

Grünkohl

Grünkohl ist das Nationalgericht des Landes Oldenburg.
Grünkohl schmeckt am besten, wenn es richtig gefroren hat.
Im Garten wird meistens Grünkohl der Sorte Lerchenzunge
nach Frühkartoffeln z.B. angepflanzt. Grünkohl wird von
Mitte November (meistens um den Zetler Markt)
bis Gründonnerstag gegessen.

Zuerst rupft man den Grünkohl von den Stängeln.
Nun wäscht man ihn 3- bis 4-mal gründlich in einer großen
Bally (Wanne), in kaltem Wasser, damit kein Sand haften
bleibt. Anschließend wird der Kohl in viel Wasser abgekocht,
damit der strenge Geschmack weggeht. Der abgekochte
Kohl wird in ein Sieb gegeben und ausgedrückt,
damit die Flüssigkeit abtropft.
In einem großen Topf werden nun Schweineschmalz und
Zwiebelwürfel erhitzt und angedünstet. Der Grünkohl wird
fein gehackt und kommt dann in den Topf zu den anderen
Zutaten. Dieser wird mit Brühe oder Wasser aufgefüllt,
mit Pfeffer, Salz, gekörnter Brühe und 1 Lorbeerblatt

gewürzt und gar gekocht. Auf den kochenden Kohl wird Hafergrütze oder auch Haferflocken gestreut und mit gegart. Dieses darf nun nicht mehr umgerührt werden, da sonst der Kohl leicht anbrennt.
Auf die Grütze legt man Kohlpinkel oder Geräuchertes, das mit gegart wird, damit der Geschmack aufgenommen wird.
In einem anderen Topf kann frischer Bauchspeck und Geräuchertes in Wasser gegart werden.
Wenn der Grünkohl und die Hafergrütze sowie die Würste gar sind, legt man die Fleischstücke auf eine Platte und rührt den Kohl durch.
Nun wird mit etwas Fleischbrühe, 1 Esslöffel Senf und evtl. etwas Zucker der fertige Kohl abgeschmeckt.

Tipp: Am besten schmeckt der Grünkohl am andern Tag aufgewärmt, in einer Bratpfanne etwas anbrennen lassen.

Bei dem typischen naßkalten Novemberwetter kommt es auch leicht zu Erkältungen. Darum sind hier ein paar Tipps, die vorbeugen oder lindern können:

- Bei einer Erkältung bewährt sich gesüßter Hollunderblütentee (Fliedertee) mit Zitronensaft, der so heiß wie möglich getrunken wird.
- Gegen Grippe schützt man sich, indem man möglichst viele rohe Äpfel ißt.
- Gegen Husten trinkt man Tee von frischen Brennesseln.
- Warmes Zuckerwasser mit Eidotter vermischt mildert den Hustenreiz.

Schustergrog

1 Flasche Bier wird in einem Topf erhitzt, dazu gibt man 1 Gläschen Rum und Zucker nach Geschmack. Alles zusammen wird in Grogläsern gegossen und so heiß wie möglich getrunken.

Holundergrog

Holunderbeersaft wird mit kochendem Wasser in einem Grogglas aufgefüllt und mit braunem Kandis oder Würfelzucker gesüßt. Dieses Getränk mögen auch Kinder gerne.

Hülsenfrüchte sind am Tag vorher in kaltem Wasser einzuweichen. Sie können auch im Einweichwasser gekocht werden. Hülsenfrüchte sollten erst nach dem Kochen gewürzt werden, da sie sonst eine längere Garzeit brauchen. Einige saure Apfelspalten oder Backpflaumen geben der Bohnensuppe einen feinen Geschmack.
Lecker schmeckt ein Schuß Essig in einem Teller Bohnensuppe. Eine Messerspitze Backpulver verringert die Kochzeit und macht die Suppen bekömmlicher,

Tipp: Erbsen- und Linsensuppen werden in der friesischen Küche wie Bohnensuppen zubereitet.

Arfen
(Erbsen)

Erbsen werden in unserer Küche auf unterschiedlichen Weise zubereitet:
Junge Erbsenschoten werden kurz vor dem Zubereiten gepflückt, gewaschen, evtl. abgesplitet und durchgebrochen, dann in leichtem Salzwasser und etwas Butter gegart. Als Suppe oder als Gemüsbeilage werden nur die Schoten-

kerne verwendet, d.h. reife Erbsen werden gespult.
Die Erbsen werden in Salzwasser gegart, mit 1 Prise Zucker oder 1 Stück braunen Kandis gewürzt, in frisch gehackter Petersilie geschwenkt oder mit etwas Mehl und Milch angedickt. Ein kleiner geräucherter Schinkenrest wird mitgekocht.

Grau Arfen
(Graue Erbsen)

Die grauen Erbsen werden über Nacht in kaltem Wasser eingeweicht. Am anderen Morgen werden die Erbsen abgegossen und mit neuem kalten Wasser aufgesetzt, langsam weichgekocht und zum Abtrocknen auf ein Sieb geschüttet.
Kleingeschnittene Speckwürfel brät man aus, gibt eine gehackte Zwiebel dazu, fügt etwas Mehl hinzu und läßt alles hellbraun schwitzen. Nun wird mit Fleischbrühe aufgefüllt und eine dickliche Sauce hergestellt. Dahinein kommen die gegarten Erbsen, die mit gehackter Petersilie, Salz und Pfeffer abgeschmeckt werden. Nach Belieben kann auch mit Essig und feinem Zucker nachgewürzt werden.
Ein mitgekochter geräucherter Schinkenknochen gibt dem Ganzen einen feinen Geschmack.

Arfen un' Wuddels
(Erbsen und Wurzeln)

1/2 Erbsen und 1/2 Wurzelwürfel oder kleine Möhrchen werden in leichtem Salzwasser mit etwas Butter gegart.

Leiziger Allerlei

besteht aus frischen Erbsen, Wurzeln, kleinen Karotten und Spargel. Dazu kann aber auch Kohlrabi und Blumenkohl gegeben werden. Etwas Butter und viel frisch gehackte Petersilie sorgen für einen feinen Geschmack.

Arfenpüree
(Erbsenpüree)

Man nimmt gelbe oder grüne Erbsen und weicht sie über Nacht in kaltem Wasser ein. Am anderen Morgen gießt man das Wasser ab und kocht die eingeweichten Erbsen ca. 10 Min. ab. Nun schält man 2 bis 3 Kartoffeln, legt diese in einen Topf und schüttet die Erbsen daürber, gießt etwas Wasser oder Brühe dazu und läßt das Ganze ohne umrühren langsam weich kochen. Die gegarten Erbsen werden nun durch ein Sieb gestrichen und mit etwas kräfitger Brühe, Salz und etwas Butter zu einem dicklichen Brei in einem Topf bei kleiner Flamme verrührt. Mit etwas braunem Butter und feinen Zwiebelwürfeln kann das fertige Erbspüree verfeinern. Auch kann statt der Brühe eine Tasse Milch, Sahne oder ein Stück Butter verwendet werden.

Gewöhnlich serviert man Sauerkraut und Pökelfleisch zum Erbsenpüree.

Nikolaus-Brauch

Am 5. Dezember stellten die Kinder einen flachen Teller mit einer dicken Scheibe Schwarzbrot, einigen Stückchen Würfelzucker und ihrem handgeschriebenen Wunschzettel auf die Fensterbank.

Danach hieß es Hoffen, daß die Wünsche zu Weihnachten erfüllt werden.

Weißbrot oder Weihnachts-Stuten

1kg. Mehl, 10 Eßl. Zucker, 1/2 Pfd. geschmolzene Butter, 1/4 l Milch, 3 Eier, 2 Päckchen Hefe.

In einer großen Kumme werden alle Zutaten zu einem Teig verarbeitet.
Der Hefeteig muß danach in Ruhe aufgehen.
Später wird der Teig in einer Form gegeben, mit Milch bestrichen und im Backofen bei ca. 150 Grad 1 Stunde gebacken.

Rosinenstuten

2 Pfund Mehl, 7 Eßl. Zucker, 3 P. Hefe, 300 gr. Rosinen, 1 P. Sukade, 3 Eier, 1/2 Pfd. Butter, 1/4 l. Milch

Aus den Zutaten einen Teig herstellen. Nach einer Ruhezeit den Teig in einer Brotform geben und bei zuerst 200 Grad, später 150 Grad ca. 1 Stunde abbacken.

Bradappels
(Bratäpfel)

Einige Äpfel werden abgewaschen, von der Blumenseite her ausgebohrt, aber nicht durchstochen. Man setzt sie nun in eine flache gebutterte Schale oder auf einen Teller und füllt den Apfel mit Butter, Honig und Zucker. Dann backt man ihn ca. 30 Min. im Backofen weich. Für Erwachsene kann man auch etwas Wein in den Apfel geben.
Man kann aber auch Johannisbeergelee als Füllung nehmen.
Auch Vanillesoße schmeckt dazu recht gut.

Mandel-Konfekt

1/2 Pfund süße abgezogene Mandeln werden fein gerieben, mit 3 Eigelb und 1 Pfund Zucker verrührt, ausgerollt, mit sehr kleinen Formen ausgestochen, im warmen (ausglühenden) Ofen getrocknet, dann in Schokoladenglasur getaucht und mit buntem Zucker bestreut.

Feuer-Punsch

Eine Mischung aus 1 l Tee, 2 Flaschen Rotwein, dem Saft von 1 Zitrone und 1 Apfelsine werden zusammen bis dicht vor dem Kochen erhitzt und sofort durch ein Sieb gegossen.

Dann stellt man einen feuerfesten Tontopf, in den man die siedende Mischung gibt, auf ein Servierbrett, das mit Tannenzweigen umlegt ist so daß von dem Topf nichts mehr sichtbar ist, legt 2 Eisenstäbe quer über den Topfrand und darauf man ein ca. 2 Pfd. schweres Stück Blockzucker oder einen Zuckerhut. Diesen tränkt man völlig mit sehr gutem Jamaika-Rum und entzündet diesen. Der schmelzende Zucker tropft nun in die Bowle. Man rechnet eine Flasche Rum auf den Topf, den man nach und nach über den Zucker gießt. Der Alkohol verbrennt mit blauer Flamme aus der Bowle. Mit dem Bowlenlöffel begießt man den Zucker weiter, so ist der Punsch bekömmlich und wirkt äußerst festlich.

Allerlei bewährte Winke von Oma für die Hausfrau

Als Suppengewürz kennt man getrocknet oder frisch aus dem Garten: Sellerie, Petersillienwurzel, Wurzeln (Karotten), Porree (Lauch).

Als frische Kräuter aus dem Garten werden Liebstöckel (Maggi-Kraut), Majoran, Bohnenkraut, Thymian und Beifuß genutzt.

Gemüse soll nicht kochen, sondern nur gedämpft oder gedünstet werden, Geschmak und Nährwert kommen so besser zur Geltung. Auch wird so Heizstoff gespart.

Gemüse nie lange im Wasser stehenlassen, sondern gleich gründlich waschen und anschließend weiter verarbeiten.

Gemüse behält beim Kochen seine grüne Farbe, wenn man den Topf nicht zudeckt.

Teigwaren kocht man mit kleiner Flamme und ohne Deckel.

Auch ein Schuß Essig in den Teller mit Bohnensuppe schmeckt lecker und gibt einen feineren Geschmack.

Frische Fleischknochen sollten vorher abgekocht werden, die Brühe gibt man wegen evtl. Knochensplitter durch ein Tuch.

Hülsenfrüchte weicht man am Vortag in kaltem Wasser ein. Sie können auch im Einweichwasser gekocht werden.

Hülsenfrüchte sollten erst nach dem Kochen gewürzt werden, da sie sonst eine längere Garzeit brauchen.

Bratensoßen werden schmackhafter wenn man einige saure Apfelspalten oder Backpflaumen mit anbrät.

Bratwürste platzen nicht, wenn man sie vorher in Milch taucht.

Wurzeln und Rotkohl sind bedeutend schneller gar durch den Zusatz von einem Eßlöffel Zucker.

Rotkohl wird schön sämig, wenn man etwas Reis mitkocht.

Winke von Oma

Zitronen geben mehr Saft, wenn man sie vor dem Auspressen hin und her gerollt oder kurze Zeit in warmes Wasser legt.

Getrocknete Zitronenschalen geben vielen Speisen eine gute Würze.

Zwiebeln schneidet man ohne Tränen in einem mit Wasser gefüllten Suppenteller oder man stellt sich in Zugluft oder man schaut ins offene Feuer.

Altes Brot ergibt ein gutes Getränk für den Sommer, wenn man es etwas einweicht, durch ein Sieb drückt und mit Zitronensaft und Zuckerwasser gemischt.

Beim Haarewaschen gibt man dem letzten Spülwasser etwas Essig bei. Das verhindert frühzeitiges Ergrauen und gibt dem Haar weichen Glanz.

Aus Omas Vorräten

Die Vorratshaltung im Herbst nahm viel Zeit in Anspruch. Dabei mussten dann auch Opa, Vater und wir Kinder helfen. Einige Zentner Kartoffeln mussten ausgekriegt (geerntet) werden. Die Kartoffeln wurden zu erst im Stall zum trocken ausgebreitet, dann kamen sie in die Kartoffelkiste im Keller und der Rest wurde Eingemietet. Das Einmieten und Einlagern von Kartoffeln, Rüben Kohl und Wurzeln war eine einfache Sache. Auf dem Gemüseacker in Hausnähe wurde eine Kuhle ca. 1 m tief ausgehoben. Dahinein kam Stroh oder Laub und darin wurden die Vorräte gepackt. Oben drauf wurde mit Stroh ,Laub und Erde alles dick frostsicher bedeckt. Bis zum Frühjahr hatte man somit Kartoffeln und Kohl frisch gehalten. Allerdings konnte man bei Frosttemperaturen nicht an die Vorräte ran, sonst wäre alles verfroren. Darum gab es im Keller zusätzlich Möglichkeiten zum frostfreien Lagern. In einer alten Zinkwanne im Keller wurden Wurzeln eingesandet. Kohlköpfe wurden mit dem Kopf nach unten im dunklen frostsicheren trockenen Raum aufgehangen.

Äpfel wurden in Plastikbeutel gelegt und die zugebundenen Beutel in einen alten Kleiderschrank aufgehangen. Mit einer Stopfnadel wurden mehrere kleine Löcher in die Beutel gestochen. Die Äpfel konnten so auch bis zum Frühjahr aufbewahrt werden. Birnen und Pflaumen wurden eingekocht oder süßsauer eingelegt.

Bohnen und Erbsen wurden gepflückt, ausgepult für Suppenbohnen, eingekocht, getrocknet oder anderweitig verarbeitet. Das Obst wurde gepflückt, teil weise auf den Hausboden oder auf den großen Schränken vorsichtig ausgelegt. Tagelang ging ich mit meiner Oma zum Brombeeren-Pflücken in den hiesigen Poller. Eimerweise wurden die Beeren zu Saft, Gelee und Marmelade verarbeitet. Die Kamillenblüten wurden gepflückt, getrocknet und auf Zeitungspapier auf den Hausboden gelagert.

Eine Art der Haltbarmachung war das Trocknen und das Dörren von Gemüse oder Obst im Backofen.

Zwiebeln wurden zusammengebunden und an den Balken

auf dem Boden gehangen. Kürbisse und Rote Beete wurden geerntet und erstmal zu abtrocknen im Stall gelagert, bevor sie weiter verarbeitet wurden.

Diese Arbeit wurde in den Herbstferien getan. Sie hießen damals bei uns Kinder auch die „Kartoffelferien". Wir hatten zu Hause 2 große Äcker mit Kartoffeln und einen großen Gemüse- und Obstgarten. Das Mithelfen im Garten und beim Ernten gehörte zu unseren Aufgaben .Schulfreunde gingen auch während der Schulstunden zu den Bauern um Kartoffeln aufzusammeln und steuerten mit den Naturalien ihren Beitrag zum Wintervorrat für die Familien bei oder hatten etwas Taschengeld für Wünsche.

Die Erntearbeiten und auch die Einlagerung usw. waren zum Teil eine schwere Arbeit und ein ständiges Treppen rauf und runter, bei der jeder im Haushalt Lebende mithelfen musste so gut er konnte. Die wöchentliche Kontrolle der Vorräte war eine sehr wichtige Aufgabe der Hausfrau. Schnell konnte etwas schlecht werden und war damit für den Verzehr nicht mehr zu gebrauchen.

Grundmengen für 4 Personen:

- 1 l Suppe als Vorgericht
- 2 l Suppe als Hauptgericht
- 1/2 l gebundene Soße
- 1/4 l Bratensoße
- 1 kg Kartoffeln ungeschält oder 4 bis 5 Stück pro Person als Beilage
- 1 kg Kartoffeln als Hauptgericht
- 1kg ungeputztes Gemüse als Beilage
- 1 Pfund Frischobst oder 100 bis 125 gr. Backobst als Kompott
- 1 Pfund Fleisch schier als Beilage für den Eintopf
- 250 bis 375 gr. Hackfleisch
- 1 kg Fisch
- 500 gr. Gemüse für Rohkost
- 250 gr. Reis oder Nudeln als Beilage
- 1 l Milch oder Obstsaft als Gundlage für Brei oder Flammeri
- 1/2 l Milch als Grundlage für abgeschlagene Cremes, Auflauf und Puddings

Kochzeiten

Heute rechnet man mit kürzeren Zeiten. In Omas Küche stand ein Stangenherd mit einer großen Herdplatte und einem Backofen. Es war meistens eine der ersten Arbeiten, morgens die Asche rauszubringen und das Feuer im Herd an zumachen.

Kräuter für die Gesundheit

Gegen Gliederkrankheiten dienen vortrefflich warme Getränke vom Tee aus Ehrenpreiß gemacht, wovon du des Tags je öfter je besser und allzeit wohl warm trinken sollst.

Ein Trunk für das Fieber:
Eine handvoll Lindenblüten mit Brunnenwasser abgekocht, gibt einen sehr guten Trank bei fiebriger Krankheit.

Ein Trunk zur Stärkung des Gedächnisses:
Trinke 2 mal in der Woche Hollunderwasser mit Zucker vermischt.

Ein bewährtes Schlafmittel ist, wenn man vor dem Schlafengehen ein Glas heiße Milch mit Honig und evtl. ein Eigelb trinkt.

Trinke 2 mal in der Woche Hollunderwasser mit Zucker vermischt.

Friesische Sprichwörter über Essen und Trinken

»Olle Knnaken mott smeert werden.«

»Bäter mit´n Backer as mit´n Aptheker.«

»Danke vör Obst, ick ät blots Plumen.«

»Et langsam, lewe söte Jan.
Du weest nich, watt´m denn bargen kann.«

»Ween de Mus satt is, smeckt Mehl bitter.«

»Wer mit äten will, mot ok mit dösken.«

»Leever drög Brot in Freeden, as Braden un Rohm in Striet.«

»Wat man sick inbrockt, dat most ok utäten.«

»Mit `n Gabel ist `n Ehr, mit `n Leepel bringt et mehr.«

»Ick mag woll dicken Käs, man keen dünn Botter.«

»Kinner un Kalwer ehr Deel, denn hollt se `t Liv heel.«

»Bitter in `n Mund, is`t Hard gesund.«

- Klönsnack -

Ausdrücke aus dem täglichen Leben und aus der Küchenarbeit

Damit die Leser gewappnet sind für einen kleinen Klönsnack vor der Küchentür. Und wenn es immer noch nicht so richtig flutsch, dann sagen sie am besten einfach gar nichts, denn vääl snack wurd dor so wie so nich.

Aavt	Obst		Wischtuch
afdrööcht	abgetrocknet	feudeln	feucht wischen
Arfen	Erbsen	Fismantenten	Umständemachen
Beern	Birnen		Faxen machen
Buddel	Flasche	foftein	15 Minuten,
Bumme	Kanne		Pause machen
dortodohn	dazutun	Frostködel	leicht frierender
dorwissen	durchwaschen		Mensch
dürobell	teuer	Froonslüüd	Frauen
Farken	Ferkel, auch	futsch	weg
	Schimpfwort für	füünsch	wütend, sauer
	dreckiges Kind	Geldkniep	Portemonaee
Feudel	Scheuerlappen,	gediegen	sonderbar

Gerst	Hefe
gnadderig	schlecht gelaunt, verärgert
gorkeen	niemand
Grappen	seltsame Einfälle
Grööntüch	Gemüse
groff	grob
happich	übertrieben
hibbelig	unruhig, nervös
Hickop	Schluckauf
Huckepack	auf dem Rücken Tragen
Hüdel	Mehlkloß
hüüt	heute
Höckerladen	Kaufmannsladen Tante-Emma-Laden
Kaneel	Zimt
Knaken	Kochen
Knufflocktem	Knoblauchzehn
Krüder	Kräuter
Kumme	Schüssel

Lepelkost	Eintopf
luwarm	lauwarm
Melk	Milch
of	oder
ollwelsch	alt her gebracht
Pott	Topf, Gefäß
schillen	schälen
Schluck	Korn
schuumig	schaumig
Smolt	Schmalz
week	weich
Wuddels	Wurzeln
ünnertrecken	unterziehen
Zippeln	Zwiebeln

Das Gedicht von der Kumme

Vorgetragen auf einer Feier von Tante Anne

In een Umschlag een lütjen Wert
is nie verkehrt:
Moi Blomen, de sünd so dür
un wander gau in Müll oder in,d Füür
Ober een Andenken heff ik funnen
datt weer doch gelacht,
an dissen fein Pott hier, heff ick dacht.
De könnt jie seeker god gebrucken,
wenn jie backt een Stuten.
Fört Erdbeern un Bohn plücken
oder Kotüffels schnie in Stücken.
Mookt jie Solat mit frischn Moot
in dissen Pott geiht dat good.
Wullts du mol dien Strümp oder n Blus utwaschen
un Jam von dee Solat watt naschen,
de Pott deit bestimmt nich lieden
bruckst du hüm ton Buskohlschnieden,
ok wenn jo datt is mol schlecht,

is dissen Pott jüst recht
Un hebt jie moln poor Pussikatten
de mögt ok gern dorut schlaapen.
Hebt jie die Tellers mol vergeeten
köönt ok jie door good ut eeten.
Datt is doch nich to fassen
off Jan sien Fööt dor woll drin Passen?
Vööl Socken, sünnt in dissen Pott to moken.
Doch een Deel mutt Jie noch begriepen
up n Grund drüft jie dissen Pott nich smieten
Denn ist de schöne Pott kaputt
un de ganze Freud daran is in e Dutt

Rezepte aus dem Haushalt einer Großfamilie um 1910

Am Mittagstisch des Bauernhofes saßen Großeltern, Eltern, 3 - 4 Kinder und die noch im Haushalt lebenden Tanten und Onkels, außerdem wurden die Knechte und Mägde mit beköstigt. Diese Nachtische gab es nur sonntags oder an Feiertagen. Die Zutaten stammten vom eigenen Hof und aus dem Garten. Am Sonnabend wurde das Mittagessen vorbereitet und es wurde auch stets ein Kuchen für die den Kaffeetisch bebacken.

Makronen- Pudding

6 Eigelb werden mit 6 Esslöffel Zucker, Schale und Saft einer Zitrone, 1 Gas Wein und 1/2 Glas Rum schaumig gerührt und unter beständigen rühren zum kochen gebracht. Dann gibt man 5 Blatt Gelatine rot und das geschlagene Eiweiß dazu. Ist nun die Masse einwenig erkaltet, gibt man Makronen und Puddingmasse abwechselnd in eine Glasschale. Wird ohne Sahne serviert.

Biskuit-Kuchen.

12 Eigelb, 12 gute Löffel Zucker rührt man ungefähr 1/2 Stunde nach einer Seite, dann 1/4 ℔ Mehl, etwas Citronenschale, Saft und den festen Schnee darunter. Wird im ziemlich heißen Ofen gebacken.

Guß über Gebackenes.

125 gr. Zucker, das Weiße von einem Ei, Saft von einer halben Citrone, rühren bis es dick ist.

Blätterteig.

1 ℔ Mehl, 1 ℔ Butter, 1 Ei, 7 Löffel Wasser. Die Butter muß vorher kalt gestellt und ausgedrückt sein, daß sie kein Wasser mehr enthält. Dieses knetet man durcheinander und legt es dann wieder kalt, ungefähr 1/2 Stunde. Dann wieder dreimal ausrollen u. jedesmal zusammen geschlagen u. so gar backen in 20 Minuten.

Sahnen-Tüten.

5 ganze Eier, 5 Eier schwer Zucker u. 5 Eier schwer Mehl, etwas Citronensaft, auf ein mit Speck abgeriebenes Blech setzen, ganz dünn ausstreichen u. sofort sie aus dem Ofen kommen, kleine Tüten formen. dann mit Sahne füllen, welcher man mit etwas gestoßenem Zimmt mischt.

Apfelspeise

Etwa 12 schöne Äpfel werden geschält und in Scheiben geschnitten, dann mit der abgeriebenen Schale einer Zitrone, 1 Flasche Rheinwein und Zucker weichgekocht. Dann 12 Blatt rote Gelatine, die vorher eingeweicht sein muss, durchgerührt. Entweder mit Makronen garniert oder Vanillesauce.

Schokoladenpudding

12 Eigelb werden mit 1/2 Pfund Zucker zu Schaum gerührt, dann löst man 1/2 Pfd. Schokolade in einer Tasse Wasser auf und 14 Blatt weiße Gelatine in 1/2 l Wasser wenn beides erkaltet gießt man es langsam zu den Eiern. Zuletzt den Schnee der 12 Eier gut durch rühren und in eine große Glasschüssel füllen

Himbeer – Eierkrem

Von 8 Eiern wird das Gelbe mit 1/2 Pfd. Zucker zu Schaum gerührt, dann eine große Tasse Himbeersaft und eine ebenso große voll Tasse Wasser dazu geben. Darauf den Schnee der Eier und zuletzt 12 Blatt Gelatine, die vorher aufgelöst sein muss, hinzu.

Weber-Pudding

1 liter Milch, 4 Eier, 4 Eßl. Maizena, 4 Eßl. Zucker und Vanillie, 10 Minuten kochen lassen 1/4 l Weißwein, das Gelbe von den Eiern und Zucker nach Geschmack rühren bis kurz vorm kochen. Kommt dann in eine Glasschüssel.

Rote Grütze

1/2 Pfd. Perlsago wird mit Zucker und Stangenzimt gar gekocht und mit Saft nach gut dünken. Vaniliesauce dazu geben.

Erdbeer-Pudding

3/4 Pfund Erdbeeren werden abends vorher mit 1/2 Zucker aufgesetzt. Am anderen Tag 5 Eidotter dazu geben und dieses zusammen durch ein sieb rühren. (Blatt Gelatine in einer Tasse Wasser aufgelößt und dann steif geschlagenen Eischnee dazu. Mit Vanilliensauce servieren.

Zitronen-Creme

12 einer, weiße Gelatine, 1 Pfd. Zucker, 1/2 Zitrone, 3 Eßl. Arrack.

Man löst die Gelatine in Wein auf, rührt Zucker und Eidotter 1/2 Stunde, dann den Schnee der Eier und die Gelatine. Reicht für 12 Personen.

Weingelee

1 l. Weißwein, 300 gr. Zucker fein abgeschnittene Schale einer Zitrone lässt man in dem wein ausziehen. 25 gr. Rote Gelatinepulver werden in einer Tasse Wasser aufgelöst und dann erkaltet hinzu geben.

Schaumpudding

1/2 l Rotwein, 50 gr. Stärke, etwas Zimt,
4 Eiweiß zu Schnee schlagen.
Wird mit Vanillesauce serviert.

Biskuitkuchen

12 Eigelb, 12 gute Löffel Zucker rührt man ungefähr eine 1/2 Stunde nach einer Seite, dann 1/4 Pfd. Mehl etwas Zitronenschale, Saft und den festen Eischnee darunter ziehen. Der Teig wird in einem heißen Ofen gebacken.

Makkaronen-Pudding

6 Eigelb werden mit 6 Eßlöffel Zucker, Schale u. Saft einer Zitrone, 1 Glas Wein und 1/2 Glas Rum schaumig gerührt und unter beständigem Rühren zum Kochen gebracht. Dann gibt man 5 Blatt rote Gelatine und das geschlagene Eiweiß dazu. Ist nun die Masse etwas erkaltet, gibt man Makronen und Puddingmasse abwechselnd in eine Glasschale. Wird ohne Sauce serviert.

Apfelspeise.

Etwa 12 schöne Äpfel werden geschält und in Scheiben geschnitten, dann mit der abgeriebenen Schale einer Zitrone, 1 Fl. Rheinwein und Zucker weich gekocht. Dann 12 Blatt rote Gelatine, die vorher eingeweicht sein muß, durchgerührt. Entweder mit Makronen garniert oder Vanillesauce.

Schokoladenpudding.

12 Eigelb werden mit 1/2 Pfd Zucker zu Schaum gerührt, dann läßt man 1/2 Pfd Schokolade in einer Tasse Wasser auf und 14 Blatt weiße Gelatine in 1/2 l Wasser. Wenn beides erkaltet gießt man es langsam zu den Eiern, zuletzt den Schnee der 12 Eier gut durch rühren und in eine Glasschale füllen.

Himbeer-Creme.

Von 8 Eier wird das Gelbe mit 1/2 Pfd Zucker zu Schaum gerührt, dann eine große Tasse Himbeersaft und ein ebenso groß voll Wasser dazu gegeben. Darauf den Schnee der Eier und zuletzt 12 Blatt rote Gelatine, die vorher aufgelöst sein muß, hinzu.

Guß über Gebackenes

125 gr. Zucker, das Weiße von einem Ei und den Saft einer halben Zitrone rühren bis es dick ist.

Blätterteig

1 Pfd. Mehl, 1 Pfd. Butter, 1 Ei, 7 Löffel Wasser.
Die Butter muß vorher kalt gestellt werden und ausgedrückt sein, das kein Wasser mehr enthält. Dieses knetet man durcheinander und legt es dann wieder kalt, ungefähr eine 1/2 Stunde. Dann wieder dreimal ausrollen und jedes Mal zusammen geschlagen und so gar backen in 20 Minuten.

Sahnetüten

5 ganze Eier, 5 Eierschalen voll Zucker und 5 Eierschalen voll Mehl mit etwas Zitronensaft verrühren.
Auf ein mit Speck abgeriebenes Blech setzen, ganz dünn ausstreichen und backen. Sofort wenn sie aus dem Ofen kommen kleine Tüten formen, dann mit Sahne füllen, welche man mit etwas gestoßenen Zimt mischt.